KAWADE
夢文庫

JR中央線の謎学

ロム・インターナショナル

河出書房新社

1日70万人を運ぶ人気路線は、謎と驚きの宝庫！

●まえがき

あざやかなオレンジのラインカラーが、せわしなく走り抜ける――。朝の通勤時間帯、都心では見慣れた光景である。

1889年（明治22）、民間の甲武《こうぶ》鉄道として新宿―立川間（約27キロメートル）の開業を皮切りに、中央線の歴史ははじまった。その後、路線網を広げながら125年あまり、東京駅から高尾駅、さらには長野県の塩尻《しおじり》駅を経由して名古屋駅まで約430キロメートルを結ぶ幹線《かんせん》として発展してきた。

本書は、なかでも東京駅から高尾駅までの区間にスポットを当て、誰もが乗車中に一度は考える素朴《そぼく》な疑問から、車両や駅の秘密、沿線文化の驚きエピソードまで、中央線にまつわる謎を解明した。通勤路線なのに10両編成で走る事情や、豊田《とよだ》駅の〝発メロ〟の秘密、吉祥寺に「吉祥寺」という寺がない理由など、その答えには、中央線ならではの驚きがたくさん詰まっている。

本書を読めば、中央線とともに東京がいかに発展してきたかわかるだろう。ふだん見慣れているオレンジカラーが、よりいっそう魅力的に映《うつ》ること請《う》け合いである。

ロム・インターナショナル

JR中央線の謎学●もくじ

①乗車中、誰もが一度は「？」となる…
中央線「10のミステリー」

②駅の謎学

意外や意外な事実が続々！

3 独特な雰囲気がたまらない！沿線文化の謎学

4 路線の謎学
知るほどに興味がわいてくる！

⑤ 歴史の謎学

乗客も知らないドラマがいっぱい！

6 駅名・地名の謎学

その由来に驚きが止まらない！

7 "鉄ちゃん"垂涎《すいぜん》のスポット！
鉄道遺産の謎学

※本書の情報は2015年2月現在のものです

カバー写真●IK／PIXTA
図版作成●AKIBA
●新井トレス研究所

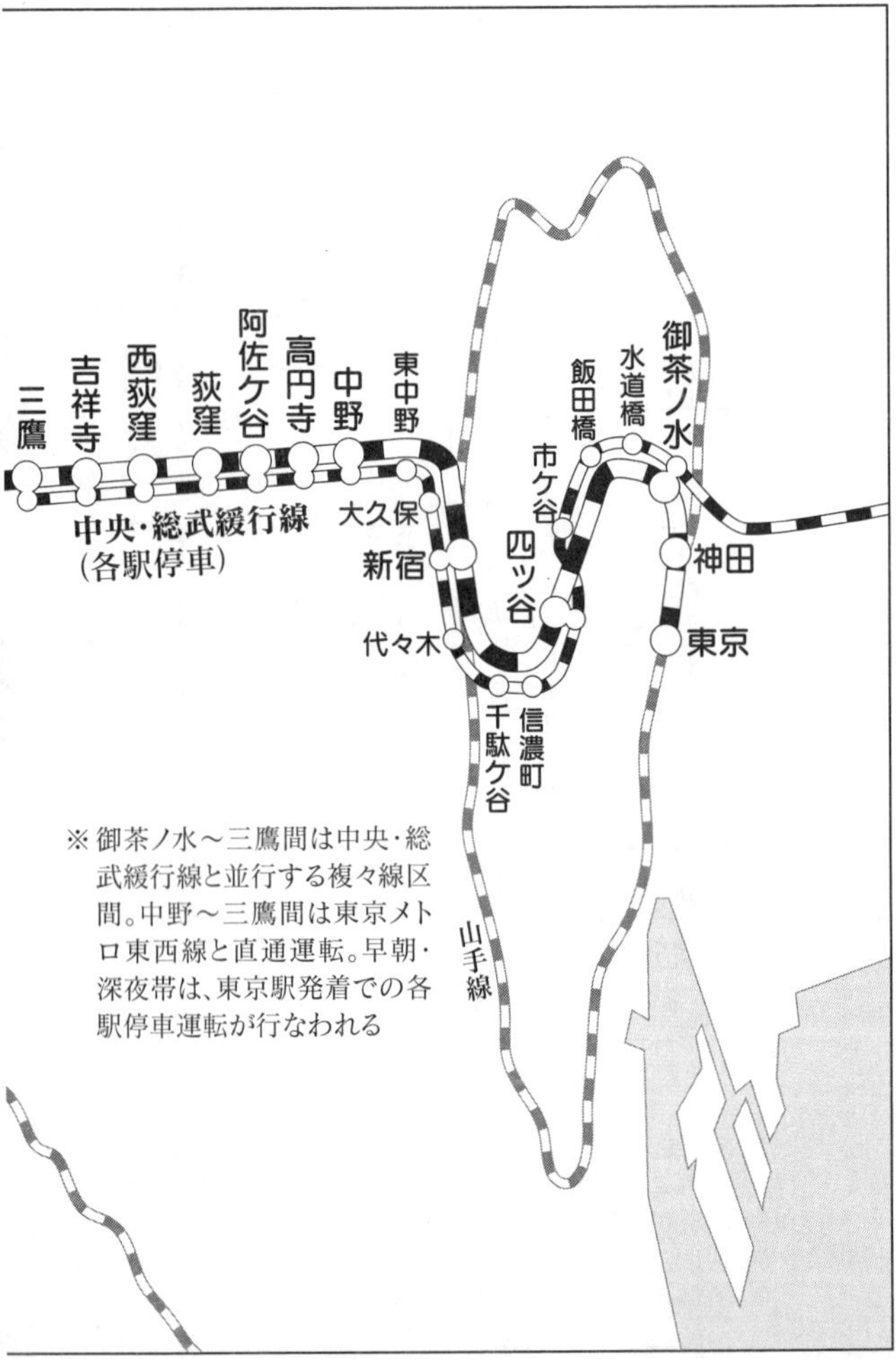
三鷹
吉祥寺
西荻窪
荻窪
阿佐ケ谷
高円寺
中野
東中野
大久保
新宿
代々木
千駄ケ谷
信濃町
四ツ谷
市ケ谷
飯田橋
水道橋
御茶ノ水
神田
東京
中央・総武緩行線
(各駅停車)
山手線
※御茶ノ水～三鷹間は中央・総武緩行線と並行する複々線区間。中野～三鷹間は東京メトロ東西線と直通運転。早朝・深夜帯は、東京駅発着での各駅停車運転が行なわれる

JR中央線（東京～高尾間）路線図

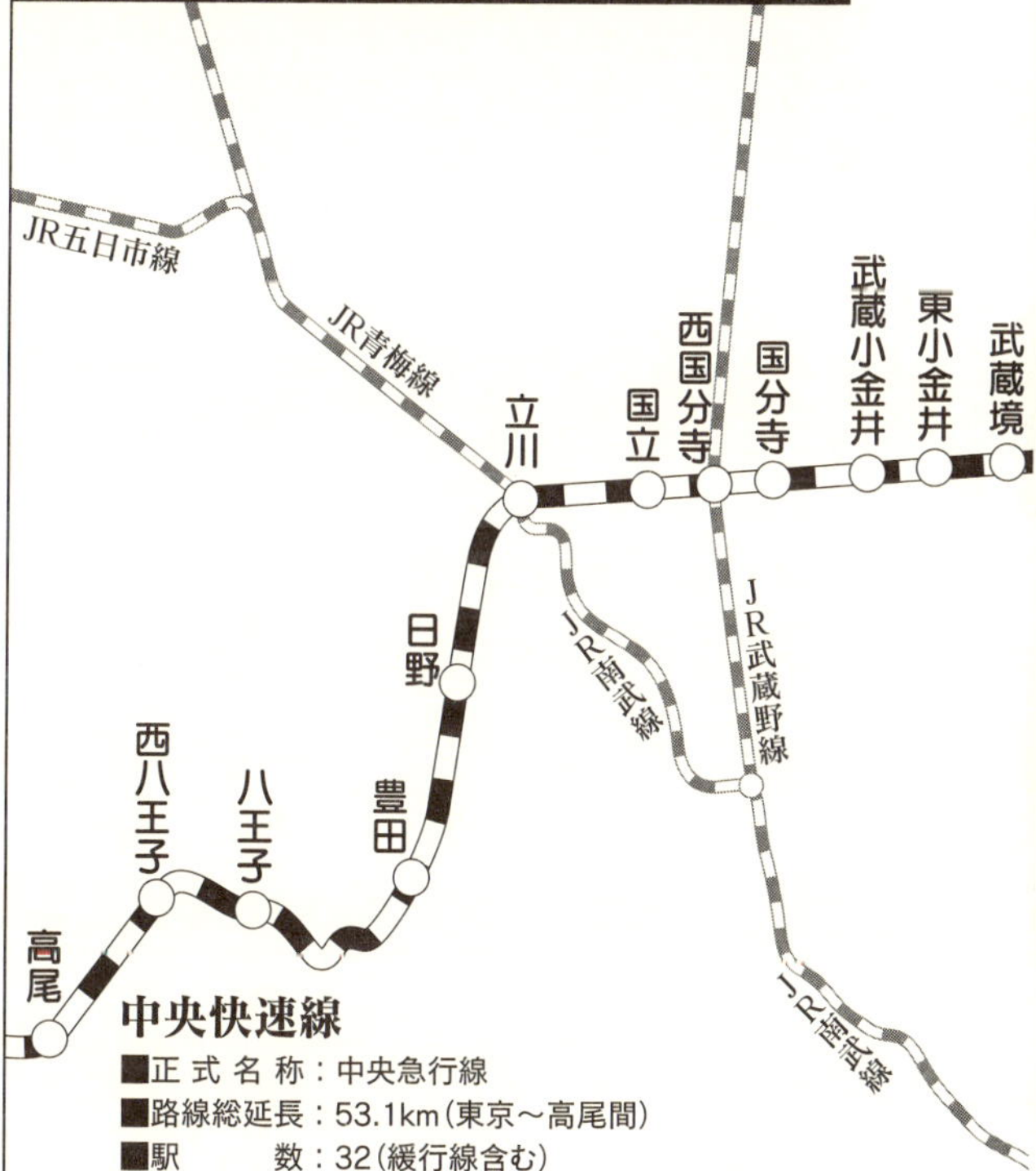

中央快速線

■正式名称：中央急行線
■路線総延長：53.1km（東京～高尾間）
■駅　　数：32（緩行線含む）
■軌　　間：1067mm
■使用車両：E233系0番台
■運行事業者：JR東日本

阿佐ケ谷	1922年(大正11) 7月15日	44,298人	17.3km
荻窪	1891年(明治24) 12月21日	86,032人	18.7km
西荻窪	1922年(大正11) 7月15日	42,402人	20.6km
吉祥寺	1899年(明治32) 12月30日	139,282人	22.5km
三鷹	1930年(昭和5) 6月25日	92,724人	24.1km
武蔵境	1889年(明治22) 4月11日	65,331人	25.7km
東小金井	1964年(昭和39) 9月10日	28,908人	27.4km
武蔵小金井	1926年(大正15) 1月15日	59,504人	29.1km
国分寺	1889年(明治22) 4月11日	108,819人	31.4km
西国分寺	1973年(昭和48) 4月1日	28,394人	32.8km
国立	1926年(大正15) 4月1日	53,237人	34.5km
立川	1889年(明治22) 4月11日	160,411人	37.5km
日野	1890年(明治23) 1月6日	28,651人	40.8km
豊田	1901年(明治34) 2月22日	30,910人	43.1km
八王子	1889年(明治22) 8月11日	85,191人	47.4km
西八王子	1939年(昭和14) 4月1日	31,681人	49.8km
高尾	1901年(明治34) 8月1日	30,284人	53.1km

※乗車人員のデータは2013年度のもの。起点は東京駅とする

JR中央線(東京―高尾間)全駅データ

駅名	開業年月日(中央線延伸日)	乗車人員(一日平均)	起点からの距離
東京	1919年(大正8)3月1日	415,908人	0.0km
神田	1919年(大正8)3月1日	97,589人	1.3km
御茶ノ水	1904年(明治37)12月31日	104,737人	2.6km
水道橋	1906年(明治39)9月24日	85,320人	3.4km
飯田橋	1928年(昭和3)11月15日	91,196人	4.3km
市ケ谷	1895年(明治28)3月6日	58,900人	5.8km
四ッ谷	1894年(明治27)10月9日	92,431人	6.6km
信濃町	1894年(明治27)10月9日	26,908人	7.9km
千駄ケ谷	1904年(明治37)8月21日	20,444人	8.6km
代々木	1906年(明治39)9月23日	70,016人	9.6km
新宿	1889年(明治22)4月11日	751,018人	10.3km
大久保	1895年(明治28)5月5日	24,775人	11.7km
東中野	1906年(明治39)6月14日	39,554人	12.8km
中野	1889年(明治22)4月11日	138,467人	14.7km
高円寺	1922年(大正11)7月15日	49,236人	16.1km

東京メトロ 15000系

(2010年5月〜)

■運行路線：中央・総武緩行線
■運行区間：中野—三鷹間
■ラインカラー：スカイブルー

相互直通運転を行なう東京メトロ東西線の車両。05系なども同区間を走る

かつての中央線を彩った「オレンジの電車」

201系

(1979年8月〜2010年10月)

■運行路線：中央快速線
■運行区間：東京—高尾間

1981年より量産を開始し、30年にわたり活躍。2010年10月17日に中央線での運用を終了

写真提供：DAJF（15000系）

中央線で活躍する車両たち

E233系
(2006年12月〜)

■運行路線:中央快速線
■運行区間:東京ー高尾間
■ラインカラー:
　オレンジバーミリオン

中央快速線初のステンレス車。早朝・深夜帯は各駅停車として運用される

E231系
(2010年3月〜)

■運行路線:中央・総武緩行線
■運行区間:御茶ノ水ー三鷹間
■ラインカラー:
　カナリアイエロー

緩行線では、209系も運用されている

中央線内では、こんな列車も走っている!

中央ライナー

■運行区間:東京—高尾間
■運行形態:平日のみ運転。朝に上り1本。夕方〜夜に下り5本

新宿、立川、八王子に停車。使用車両はE251系(写真)とE351系

青梅ライナー

■運行区間:東京—青梅間(青梅線直通)
■運行形態:平日のみ運行。朝に上り1本。夕方〜夜に下り3本

新宿、立川、拝島、河辺に停車。使用車両は中央ライナーと同じ。かつては、183系(写真)も運用された

写真提供:DAJF(中央ライナー)、Lover of Romance(青梅ライナー)

1

乗車中、誰もが一度は「？」となる…

中央線「10のミステリー」

たとえば…
首都圏路線なのに、なぜ
10両という短い編成なのか?

謎1 中央線と総武線、ふたつの路線の境目はどこ？

御茶ノ水―三鷹間を並行して走る、オレンジのラインの列車と黄色いラインの列車。このふたつの路線のちがいを知るところから、この本をはじめよう。

よくいわれるのが「オレンジ色の中央線が快速、黄色い総武線が各駅停車」というもの。じっさいに、そう呼び分けて利用している人は多いだろう。

しかし、路線図やホームの案内板などを見ると、オレンジラインの列車は「中央線（快速）」「中央線快速」「中央快速線」、さらには単に「中央線」とさまざまに表示されている。

いっぽう、黄色いラインの列車は「中央・総武線」「中央・総武線（各駅停車）」「中央線・総武線各駅停車」「総武線（各駅停車）」「中央・総武緩行線《かんこうせん》」と、「中央」と「総武」がごちゃ混ぜになっている。

いったい、どこからが中央線で、どこからが総武線なのか。その答えを見つけるためには、中央線と総武線の過去を振り返ってみなくてはならない。

もともと総武線（総武本線）の東京側の起点は御茶ノ水だった。しかし、197

黄色いラインの列車も「中央線」!

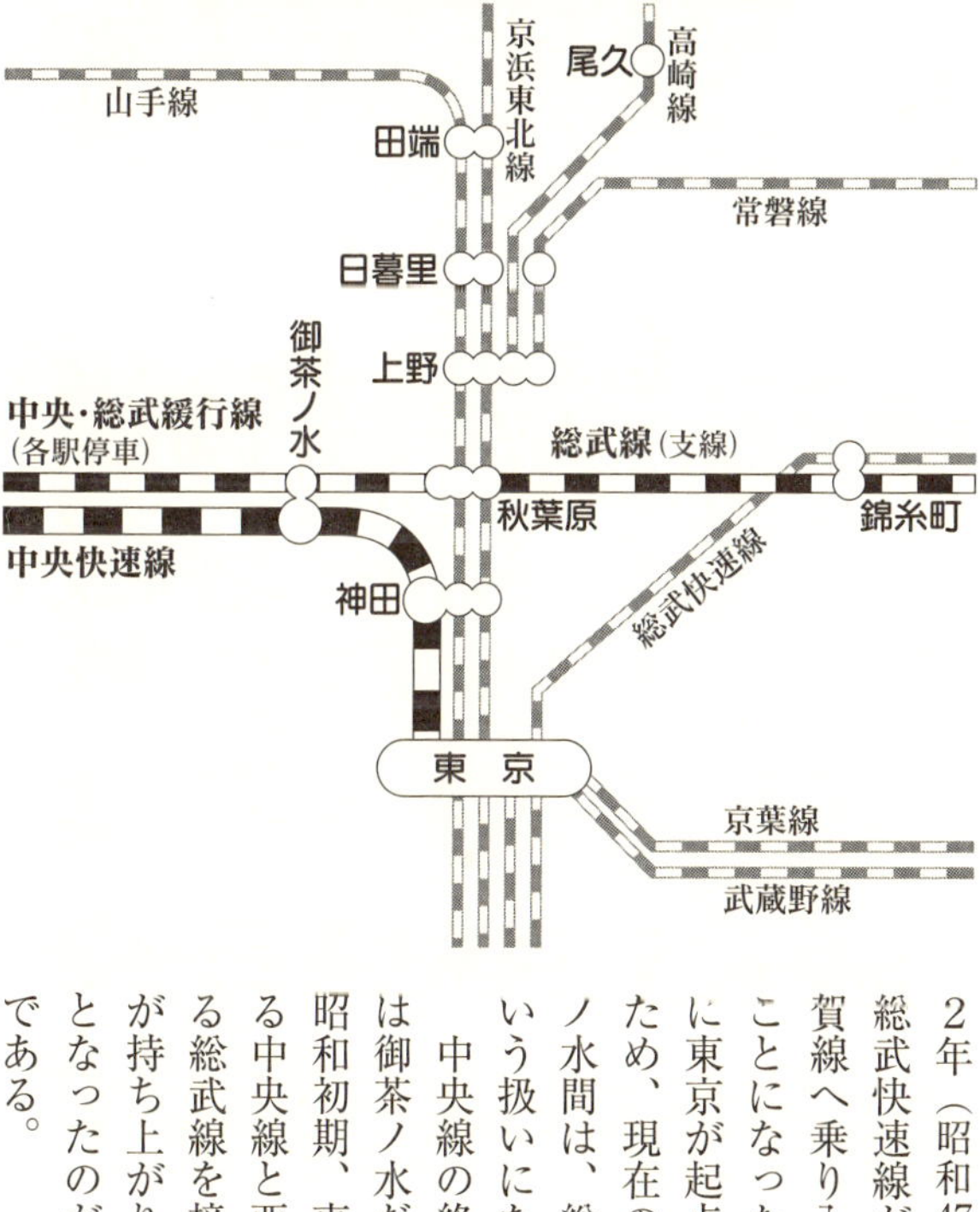

2年（昭和47）7月15日に総武快速線が開業し、横須賀線へ乗り入れ運転をすることになったのをきっかけに東京が起点となる。そのため、現在の錦糸町―御茶ノ水間は、総武線の支線という扱いになっている。

　中央線の終点も、かつては御茶ノ水だった。そして昭和初期、東のほうへ延びる中央線と西のほうへ延びる総武線を接続させる計画が持ち上がり、その接続駅となったのが御茶ノ水なのである。

つまり、中央線と総武線の境界線は、御茶ノ水というわけだ。千葉から三鷹まで同じ列車に乗っていても、千葉から御茶ノ水までは「総武線」、御茶ノ水から三鷹までは「中央線（JR東日本における通称は中央・総武緩行線）」と呼ぶのが正式なのである。

謎2 首都圏路線なのに、なぜ10両という短い編成なのか？

列車の編成は、その路線の状況によってさまざまである。地方を走るローカル線では1〜2両編成ということもあるし、都市部の路線では10両を超えることが珍しくない。

東海道線や総武快速線のように都心へ乗り入れる通勤路線なら、グリーン車付きの15両編成だし、都心部を周回する山手線は11両編成である。

中央線も都心に向かう通勤列車としての役割が高い路線であることを思えば、10両より多い編成が組まれてもおかしくないが、10両編成を超える車両数では運行していない。というより、できないのである。

その最大の理由は、駅のホームの短さにある。中央線の駅のホームは、10両程度の長さまでしか対応できない。編成を増やすとなると、それに応じてホームの延伸工事が必要になり、そのための用地確保が問題となる。

また、駅間の距離も東海道線などにくらべて短く、そのあいだに設定されている「閉塞区間《へいそく》」の距離に限りがある。「閉塞区間」とは、事故防止のために設けられている区間で、そこには1列車しか入れないようになっている。ほかの列車の侵入を防ぐことで、事故が起きないようにしているのだ。

もしも15両編成にするとなると、この閉塞区間も長く設定しなければならず、中央線の駅間にそんな余裕がない。

こうしたことから、中央線は10両編成のままで運行され、そのぶん、ほかの通勤路線にくらべて運行本数を増やすことで対応しているのである。

しかし、２０１５年（平成27）2月、大きなニュースが飛びこんできた。ＪＲ東日本が、現行の10両編成に2階建てグリーン車を2両連結した12両編成での運行を行なうと発表したのだ。

２０２０年（平成32）度のサービス開始を目指しており、実現すればラッシュ時の混雑緩和《かんわ》が期待できる。ＪＲ東日本は今後、対象区間にある全44駅と車両基地などの改良工事を行なう予定だ。

謎3 車体カラーのオレンジは「セーターの色」が由来だって?

いまや各鉄道会社には、「ラインカラー」と呼ばれる路線ごとの色分けがあり、車両の塗装も、それに合わせた色を採用しているケースが多い。

しかし、60年ほど前までは、どの電車も茶色やぶどう色といった地味な色ばかりだった。

そんな電車に、はじめて明るい色を用いたのが中央線である。誰もが思い浮かべることができる鮮《あざ》やかなオレンジ(オレンジバーミリオン)色は、このとき採用された。

1950年代、日本は戦後の復興を成しとげ、高度経済成長期に突入。都心部への通勤者も増加し続け、通勤ラッシュ時の車内の混雑は限界にきていた。

そこで国鉄(現:JR)は、中央線をはじめとする通勤輸送を改善すべく、時代に沿った高性能な電車の開発に着手する。

こうして誕生したのが「モハ90系(のちの101系)」である。当時の最新技術を導入した、軽くて加減速の性能にすぐれた車両は、1957年(昭和32)、中央線の急行電車としてデビューする。

90系がはじめて乗客の前に姿を現したとき、まず注目されたのが車体のカラーだった。鮮やかなオレンジ色は、それまでの冴《さ》えない色で塗装されていた車両のなかにあって、大きなインパクトを与えた。

しかし、なぜ、オレンジ色だったのだろうか。じつは、この色に決定した背景には、おもしろい逸話《いつわ》が残っている。

まず、これまでにない目立つ色にしたいという大前提があった。これは、乗客の誤乗《ごじょう》を防ぐためでもある。そして、色選びのヒントになったのが、当時の開発担当技術者の妻が着ていたオレンジ色のセーターだったのだ。まさか、セーターの色が採用されるとは誰も想像していなかっただろう。

こうしてオレンジ色が特徴となった中央線の車両は、その見た目から丸の内に通勤するOLたちから人気を集め、「きんぎょ」という愛称までつけられた。

そのすぐれた性能も乗客から好評を得た。運転時間の短縮に効果があったため、中央線以外の通勤路線にも採用されていった。

1961年（昭和36）9月には、中央線の「きんぎょ」が山手線に貸し出され、同年10月には、山手線専用として黄色に塗装された車両も誕生する。ただし、この車両は、駅間が短い山手線の路線事情には合わず、1963年（昭和38）に総武線へ転属。同時に、現在の山手線のラインカラーであるウグイス色に塗られた車両（103系）が登場している。

長いあいだ乗客たちに愛されてきた90系が、中央線からの引退を迎えたのは、1985年（昭和60）のことだ。

近年の日本の鉄道車両はステンレスカーが主流となり、現在、中央快速線を走る「E233系（136ページ参照）」もまた、その流れに乗った車両だが、銀色に輝く車両の側面にはバーミリオンオレンジのラインが引かれている。

90系からはじまった〝伝統のオレンジカラー〟は、しっかり次代に受け継がれているのだ。

謎4 東中野─立川間が「一直線」になった事情とは？

中央線沿線の地図をながめていると、東中野─立川間の線路が、ほぼ一直線に走っていることに気づく。

24・7キロメートルにも及ぶこの区間は、直線区間最長を誇る北海道の室蘭本線

長い直線になっている東中野—立川間

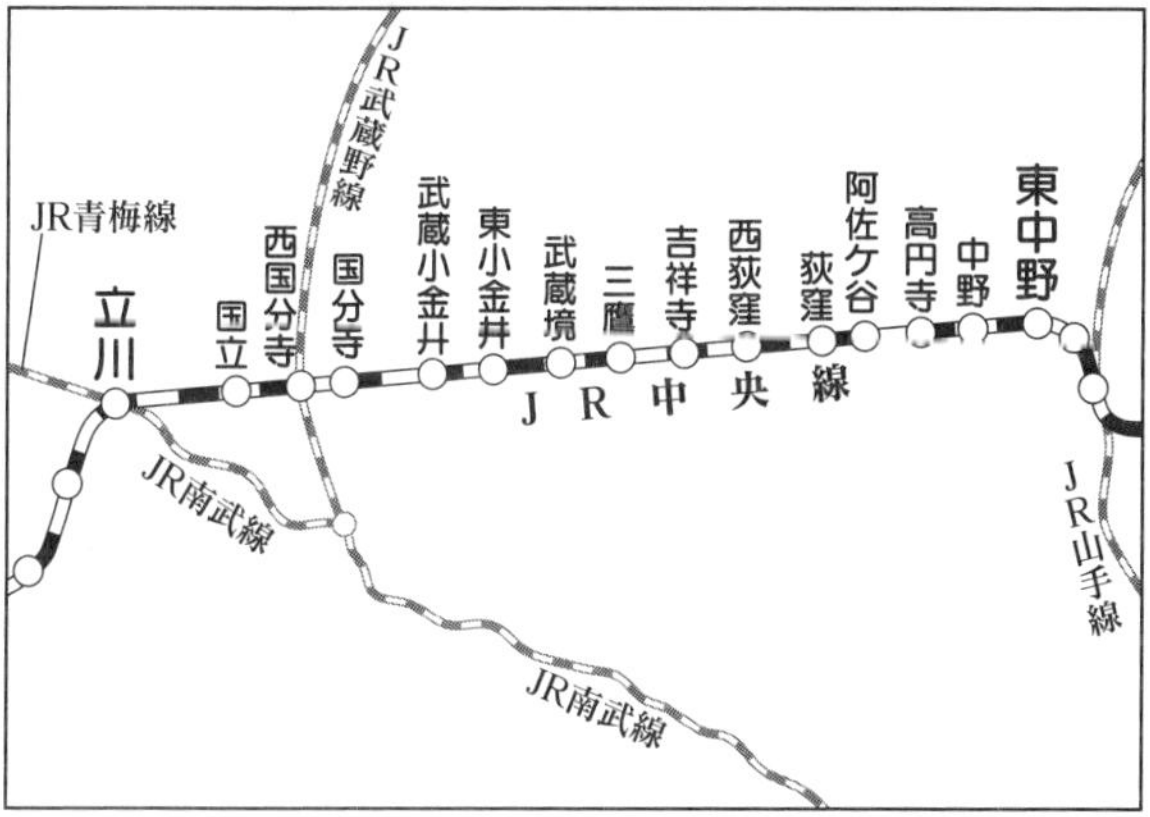

（白老《しらおい》—沼《ぬま》ノ端《はた》間：28・7キロ）にも引けをとらないほど長い直線になっている。広い土地のある北海道とはちがい、東京で路線を直線的に敷くのは容易ではない。いったいどのような経緯があったのだろうか。

現在の中央線が前身の甲武《こうぶ》鉄道であったころ、鉄道敷設《ふせつ》のための用地買収は困難を極めていた。というのも、蒸気機関車が通ると黒い煙が一帯に広がったからだ。そのため、煙が農作物を枯らしてしまうとして、農業従事者からの反対が多かったのである。

また、いまでこそ地域活性化のために鉄道の誘致を望む声が多いが、当時の住民の意見はまったく逆だった。「汽車が通ると、それまでにぎわっていた自分たちの町が素通りされてしまうから」という理由で、鉄道はまったく歓迎されなかった。

そんな状況に業《ごう》を煮やした甲武鉄道は、それまでの方針を変更。新宿から東中野までは北にカーブさせて街道筋を避けたあと、雑木林が広がる武蔵野の地に一気に鉄道を敷くことにした。

そのさい、住民からの反対を最小限にとどめようと、水田や畑もない段丘《だんきゅう》（土手）の上に線路を敷いたため、現在のような直線区間ができたといわれている。

いっぽうで、このルートの成立には、もうひとつの説がある。

それは「住民への配慮というよりは、効率を考えた結果だった」というもの。当時の旅客や貨物の需要を調査したところ、青梅街道と甲州街道が主流だったため、どちらの需要も満《み》たせるよう、西にほぼ並行して延びる青梅街道と甲州街道のあいだに線路を敷いた結果、中野から立川までのルートがほぼ直線になったという説である。

どちらが本当の理由なのか定かではないが、いずれにしても思い切ったルートを採用したため、敷設当時、話題を呼んだ。

謎5 なぜ、新宿—東京間では遠回りしながら走る？

前項で紹介したように、新宿以西の路線がほぼ一直線に敷設されたのにたいして、新宿以東の路線を見ると、東京まではS字を描《えが》くようなルートになっている。直線に敷けば、新宿—東京間は6キロほどで結べるはずだが、じっさいには、10・3キロにもなる。

当初、中央線の前身である甲武鉄道は、新宿—東京間も最短になるように直線ルートでの敷設を望んでいた。それを阻《はば》んだのは、周囲からのいくつもの「圧力」である。

第一は、のちの鉄道会議議長・川上操六の思惑である。川上は、せっかく甲武鉄道が新宿から都心を通り、飯田町駅（190ページ参照）までを結ぼうとしているなら、軍が新たに建設した青山練兵場《れんぺいじょう》（現・神宮外苑）を経由させたいと考えた。そのため川上は甲武鉄道にたいし、青山練兵場を経由する路線にしてくれるなら協力すると持ちかけた。

甲武鉄道側にしてみれば、この案を受け入れると、予定よりもルートを長くしな

まるでSの字を描くように走る東京—新宿間

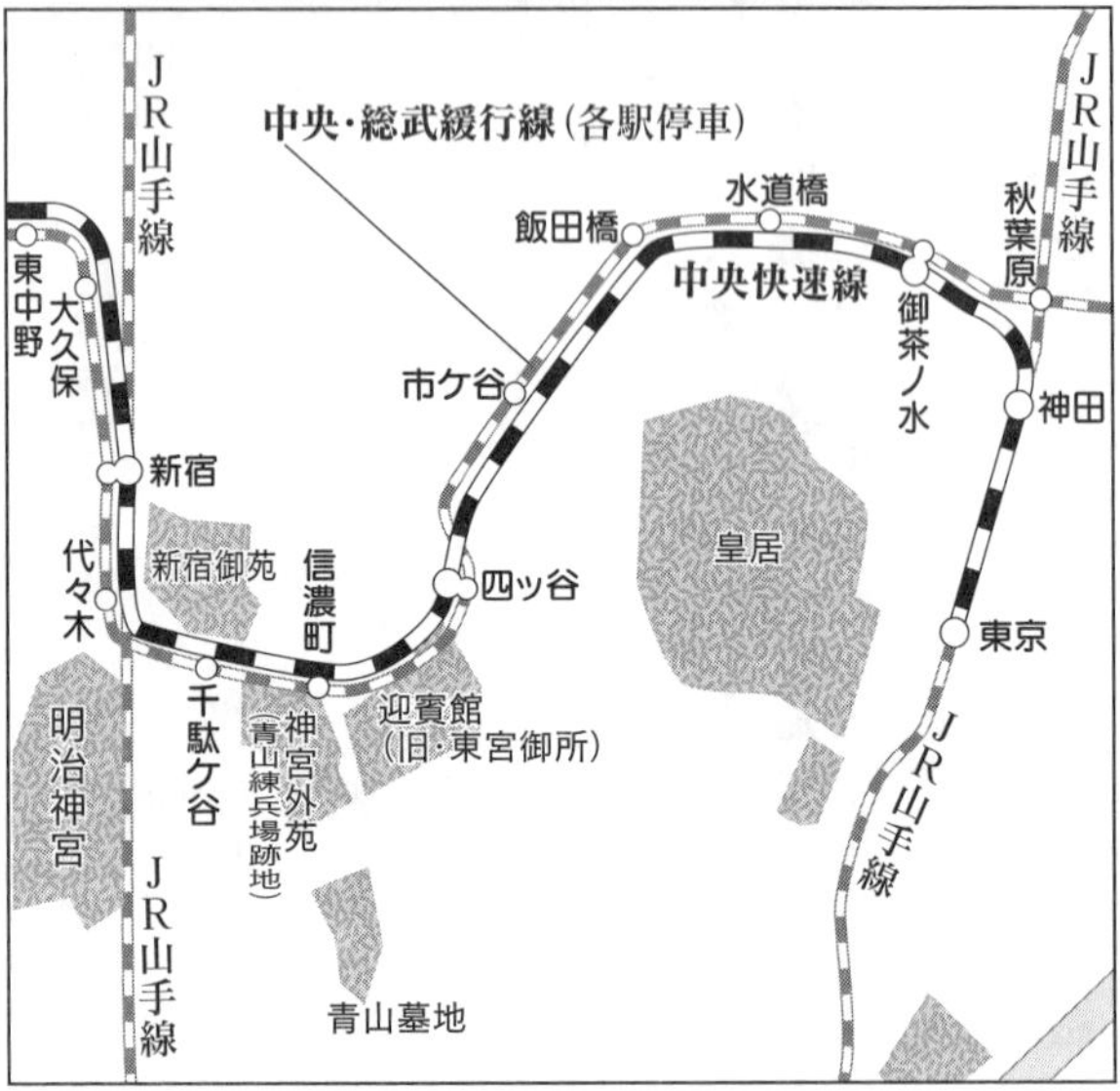

ければならない。当時の青山付近は人家もあまりなく、集客という点でも期待できなかったが、結局、「鉄道敷設の実現のために」と、この案をのむしかなかった。

第二は、宮内省（現・宮内庁）からの申し入れである。

その内容は「御所の下にトンネルを掘って鉄道を通すなどという計画は不敬である」というものだった。

その後、なんとか御所付近をトンネルが通る許可をとりつけられたが、その工事もまた、ひじょうに手間のかかるものとなった（193ページ参照）。

第三は、陸軍省からの申し入れだ。「青山練兵場のすぐ近くを鉄道が通るのは国防上問題がある」というのである。

それでも、もともと川上の要請で青山連兵場経由のルートに変更した経緯があったため、「駅の設置位置をずらす」「四ッ谷駅建設には、外濠の幅が狭くならない設計にする」など条件付きで認められた。

第四は、川上の案をのんださいに約束されていたはずの「陸軍の所有地である三崎町の練兵場跡を甲武鉄道に譲《ゆず》る」という件が反故《ほご》にされたこと。フタを開けてみると、陸軍省がすでに、用地を三菱財閥に払い下げていたのである。これにより、甲武鉄道は当初の計画をさらに変えざるをえなくなった。

障害はまだあった。第五は、東京市区改正委員会から「環境を損なう」として、ルート変更などの条件がつきつけられたことである。結局、この条件もまた、すべて受け入れざるをえなかった。

こうして、そのつどひとつひとつの要求を受け入れた結果、現在の新宿から千駄ケ谷、信濃町を経由し、飯田橋方面に至る現在のルートになったのである。S字のかたちは、敷設への「圧力」が生み出した結果ともいえるだろう。

謎6 休日の快速が〝杉並3駅〟を通過する理由は?

ある日曜日、高円寺に行こうとして新宿駅から中央線に乗ったところ、なぜか列車は高円寺駅を通過、あわてていると阿佐ケ谷駅も通過、そしてようやく停まったのは荻窪駅だった……。たしか以前に乗ったときは、高円寺に停まったはずなのに、なぜ?

ふだん中央線をあまり使わないという人はもちろんのこと、「中央線沿線に引っ越してきたばかり」という人にも、こんな苦《にが》い経験が一度くらいはあるにちがいない。

そう、中央快速線は、高円寺と阿佐ケ谷、そして西荻窪に、土日祝日は停車しない。3駅を利用する人なら「平日は停車しているのにどうして?」「休日も停車してほしい!」と納得できない思いを抱いている住民も多いことだろう。

ところが、西荻窪駅より西にある駅を利用する人々のあいだには、「休日どころか平日も、この3駅に快速を停めるべきではない」という意見がある。これは、一部のあいだで「杉並3駅問題」と呼ばれている。中央線界隈《かいわい》ではちょっとした話題なのだ。

事の起こりは、1961年（昭和36）、中野—三鷹間の複々線化と、まだ開業前だった営団地下鉄（現：東京メトロ）東西線との直通運転が決まったときにさかのぼる。

このときの国鉄の方針は「快速は3駅を通過させる」というものだったが、3駅の近隣住民から猛烈な反対にあい、結局「平日と土曜日のみ3駅に停める」というように決着したのだ（のちに土曜日も通過するダイヤに変更）。

その裏には、複々線化工事のさいの用地提供の条件として、「3つの駅に快速線ホームをつくり、停車させる」という協定があったともいわれている。

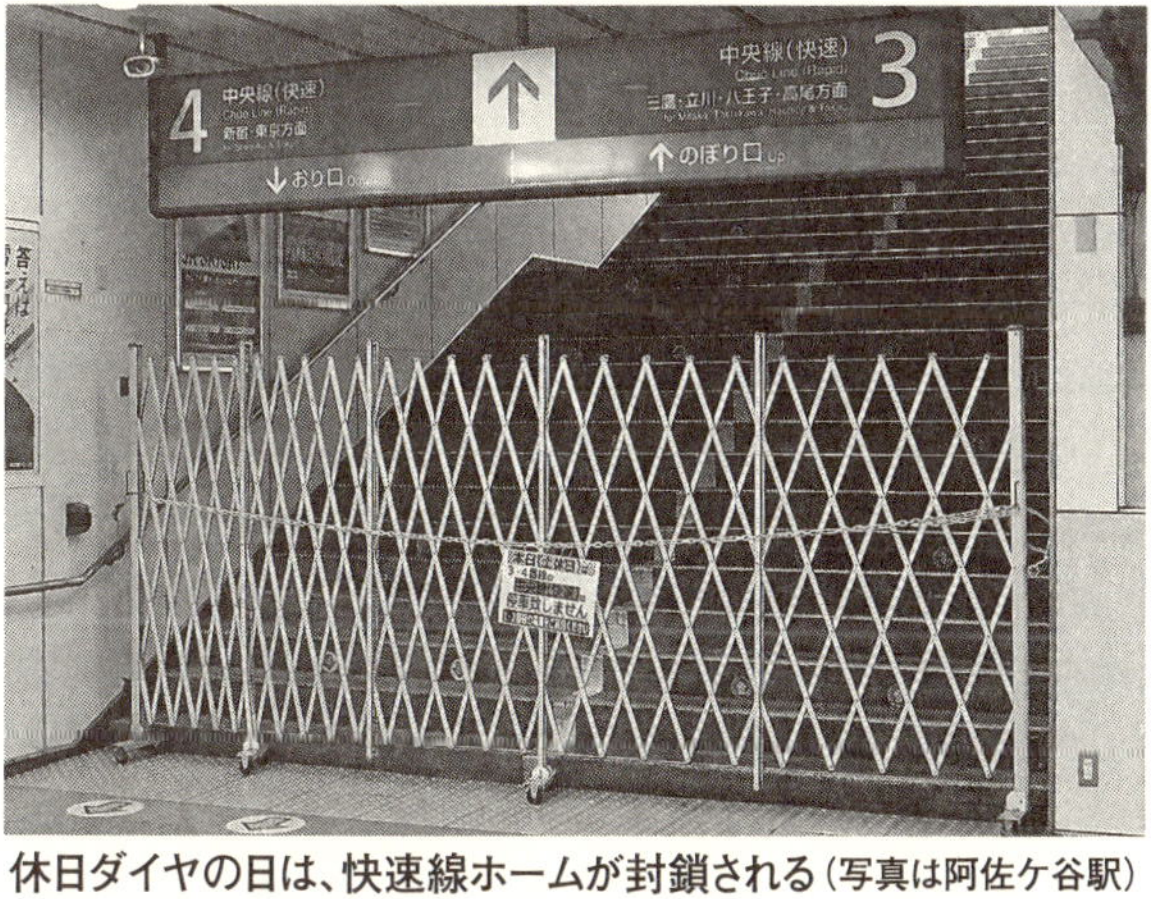

休日ダイヤの日は、快速線ホームが封鎖される（写真は阿佐ケ谷駅）

その後、1966年（昭和41）4月に、中野―荻窪間が複々線化、1969年（昭和44）には複々線区間が荻窪から三鷹まで延びたが、このときも近隣住民の猛烈な反対で「快速3駅通過」は実現しなかった。

平日は停まるが、土日祝日は停まらないという不満を抱えている3駅利用客と、平日に停まるのが不満だと感じている3駅より以西からの利用者。中央快速線は、両者ともに不満を抱えたまま、今日も走り続けている。

謎7 なぜ、中央線はダイヤがよく乱れる？

「中央線は遅延《ちえん》が多い……」

なぜか、中央線にはこんなイメージが強い。では、本当に遅延が多いのか、具体的に検証していこう。

少し古い資料だが、危機管理の情報配信・サービス提供を行なっている「レスキューナウ」が、2009年（平成21）5月に調査したデータがある。1か月間の遅延回数を首都圏の各路線でくらべたものだ。

そのデータによると、湘南新宿ラインは10回、横須賀線が9回、山手線が8回なのにたいし、中央線は19回でトップ。私鉄とくらべてみても、西武池袋線・豊島線・有楽町線が11回、東急東横線が5回、東急田園都市線が4回といった具合で、やはり中央線の遅延回数は際立《きわだ》っている。

利用者にとっては腹の立つ結果ではあるが、これには深いわけがある。

最大の原因は、甲府や松本といった遠隔地から、特急や貨物といった多くの長距離列車が入ってくることだ。

これら長距離列車は、高尾以西の山岳区間を走ってくるために、臨機応変な速度調整がむずかしいうえ、天候にも左右されやすく、気象条件によってはどうしても遅れ気味になることが多い。

しかも、遅延した列車が特急である場合、通勤列車は特急にその線路を譲らなければならず、当然、停車駅での通過待ちが多くなる。

その結果、どうしても通勤列車のダイヤが乱れてしまうというわけだ。

さらに中央線には、特別快速や通勤快速といった、速度や停車駅の異なる列車が同時刻に走っていることも一因。これを可能にしているのは、複雑なダイヤ編成だが、その複雑さゆえ、ひとたび乱れはじめると、元に戻すことがむずかしくなるのだ。どうやら遅延は、中央線の宿命であるといえそうである。

謎8 中央線には、どうしてホームドアがない？

首都圏を走る路線では、ホームからの転落事故防止に大きな効果を発揮するホームドアの設置が進んでいる。これには、２０２０年（平成32）の東京オリンピック開催に向けて、国が積極的に設置を求めていることも大きく関係している。

たとえば、都営地下鉄新宿線では、２０１９年（平成31）度までに、21駅すべてにホームドアを設置することを正式決定した。ＪＲ東日本でも、２０１４年（平成26）から２０１８年（平成30）度にかけて、ホームドア設置など安全性向上のために約１兆円の設備投資を行なうことを発表している。

国土交通省の有識者会議では、２０１１年（平成23）の段階で「１日の利用者が10万人以上の駅は、ホームドアを設置すべきである」との報告書をまとめている。中央線も当然ながらホームドア設置に乗り出さなければならないはずだが、進んでいないのが現状だ。

その理由は、設置に多額の費用がかかること、そして、ホームが狭くなるため、ホームがますます混雑してしまうことが挙げられる。

だが、もっとも大きな問題はそこではない。最大のネックは、中央線を走る車両のドアの数と位置が、車両によって異なる点だ。

たとえば、通勤用車両として使用されるE233系のドアは片側4か所だが、立川駅に停車する特急「かいじ・あずさ」に使用されるE257系は片側1か所、「スーパーあずさ」のE351系では片側2か所である。

乗客の数が限られている特急は扉が少なくても乗降に問題がないが、通勤用車両は、多くの人が一気に乗降するので、ドアの数を多くしなければならない。

そのため、特急と通勤列車が同一路線を通る中央線では、ホームドアを設置するのが至難の業《わざ》なのである。

謎9 三鷹―立川間の複々線化が進展しないのは？

三鷹以西に住む利用者の多くが、「速度が遅い」「立川で分岐《ぶんき》する青梅線との直通運転が少ない」「混雑が激しい」といった苦情を抱えているという。

なぜ、三鷹より西で苦情が多いかというと、御茶ノ水―三鷹間は複々線化されており、東京から立川方面へはオレンジ色の快速電車、御茶ノ水から三鷹までは黄色の各駅停車が走っているのにたいし、三鷹から先は複線のみしかないからだ。

複々線のメリットは、複線がふたつ並ぶことで、特急や急行、各駅停車を同時に走らせることができ、効率的な運転が可能になることにある。

JR東日本もこの問題を放置していたわけではなく、国鉄時代の1960年（昭和35）には検討がはじまり、1994年（平成6）に、駅の連続立体交差化（高架化）と複々線化の具体的な計画がスタート、連続立体交差化については、2010年（平成22）11月に完了している。

ところが、同じ時期に計画された複々線化は、いまだまったく進んでいない。計画では、新たに増やす上下線は現行の線路の地下に快速線として建設することまで決まっていたのだが、工事すらはじまっていない状況である。

なぜ、計画は進まないのか。その原因は、工事の負担を誰がするかということにあるようだ。

じつは、連続立体交差化の場合、費用をおもに国と自治体が負担するが、複々線化については、基本的に鉄道事業者がほぼ全額を負担しなければならない。三鷹―立川間を複々線化する事業費は2450億～3600億円と試算されているというから、膨大《ぼうだい》な額である。

ＪＲ東日本としては、自力で費用を捻出《ねんしゅつ》して工事を行なっても、乗客が何倍にも増えるわけではなく採算がとれないとして、足踏みしているわけだ。

ＪＲ東日本は自治体に補助を訴えているが、事態は進展せず、膠着《こうちゃく》状態が続いている。

謎10 なぜ、中央線では人身事故が多発してしまう？

中央線にまつわる都市伝説として、もっとも有名なのが「自殺者が多い路線」という噂である。利用者にはまったくありがたくない話だが、事実、国土交通省の２００８年（平成20）度における鉄道人身事故リストをもとに集計してみても、首都圏38路線のうち、人身事故による死者数がもっとも多いのが、中央線である。

いったいなぜ、中央線で人身事故が多発するのか。

心理学的見地からは、「自殺者の多い路線」という噂が、自殺願望者を中央線へと誘うのではないかと指摘されている。自殺の名所と呼ばれるところに、自殺者が集まるのと同じ心理である。

じっさい、中央線での自殺者のなかには、ふだんは中央線を利用することがないにもかかわらず、自殺の場所としてわざわざ中央線までやってくるケースがあるという。噂が噂を呼び、結果として自殺の多い場所となってしまうというわけだ。

また、電車が走行することによって起きる電磁波による影響を指摘する声もある。強い電磁波は人体に悪影響を及ぼすことは知られているが、一説によると、電磁波が注意力を散漫《さんまん》にしたり、自殺願望を一気に増幅《ぞうふく》させたりしてしまうのではないかという。

さらに、列車のスピードが自殺者にとって飛び込みやすい速度だという説もある。JR東日本も原因解明に動いたものの、ここまで挙げた理由に確《かく》たる根拠はなく、理由はわかっていない。動向を調べてみても、性別、職業、時間、場所などといった傾向が見つからないのだ。

しかし、まったく手をこまぬいているわけではなく、人身事故防止のためのさまざまな対策もとっている（119ページ参照）。

少しでも事故を減らすためにも、さらなる一手が待たれるところだ。

2

意外や意外な事実が続々！

駅の謎学

たとえば…
豊田駅の「発メロ」に秘められた
驚きのエピソードとは？

高尾駅ホームにそびえる「巨大な天狗の頭」の謎

高尾駅の3～4番ホームの中央には、高さ約2・4メートルの巨大な天狗の顔をモチーフにした像が置かれている。とくに目立つのは、約1・2メートル、直径は60センチにもなる鼻。像の重さは約18トンにもなる。

たしかに高尾山には「天狗が棲《す》んでいる」という言い伝えがあり、天狗は神や仏に仕え、開運や魔除《まよ》けのご利益《りやく》をもたらすものとして崇《あが》められてきた。

また、近くにある高尾山薬王院有喜寺《やくおういんゆうきじ》は、成田山新勝寺《しんしょうじ》、川崎大師平間寺《へいけんじ》とともに真言宗智山《ちさん》派の関東三大本山とされる由緒ある寺であり、そこにも大天狗像、小天狗像がまつられている。

このように高尾山は、天狗とのかかわりが深い場所である。

それにしても、これほど大きな像を駅のホームに置くなど、「なんと大胆な！」と驚かされるのも事実。

この天狗像が生まれたのは、1978年（昭和53）のことだ。当時、国鉄（現・JR）が進めていた「ディスカバー・ジャパン」キャンペーンの一環として、高尾観光協会と薬王院が設置したものである。

このアイデアを出したのは、当時、東京造形大学の教授で彫刻家でもあった大成《おおなり》浩《ひろし》氏。観光協会から相談を持ちかけられ、高尾山の天狗伝説にちなんだ天狗像の設置を提案したところ、即決だったという。制作期間には約半年を要し、御影石《みかげいし》が約60トンも使われた。

ホームの中央に立つ「天狗面の像」

いまではすっかり高尾駅のシンボルとなり、第1回の「関東の駅百選」にも選ばれている。

毎年12月には、天狗像を掃除するすす払いが行なわれており、当日は薬王院の僧侶による交通安全の祈願とともに、お守りが配られる。

また、同じく高尾駅がある京王電鉄でも、天狗にちなんだイベント（展示会や講演会、精進《しょうじん》料理の提供など）を積極的に開催している。高尾にとって、天狗は大事な観光の目玉になっている。

豊田駅の「発メロ」に秘められた驚きのエピソードとは？

列車がホームを出発する間際《まぎわ》に流れるメロディーは、通称「発メロ」と呼ばれ、鉄道ファンのなかには「1小節聴いただけで、即座にどの駅のものか当てることができる」という人もいる。

この「発メロ」、近年では、ご当地と関係した独自の曲を使っている駅がグッと増えている。中央線にも数多くあり、たとえば、花見客が多く訪れる武蔵小金井は『さくらさくら』、東京ドームの最寄《もよ》り駅である水道橋は、巨人軍の球団歌『闘魂《とうこん》こめて』といった具合である。

同じように、豊田駅にも発メロがあり、童謡の『たきび』が流れる。じつは、その成立にはユニークなエピソードがある。

豊田駅への導入のきっかけは、『たきび』を作詞した巽聖歌《たつみせいか》氏が、1973年（昭和48）4月に68歳で亡くなるまでの25年間を、豊田駅に近い「旭が丘」で暮らしたことに関係している。旭が丘中央公園には詩碑が建立《こんりゅう》されており、毎年12月には「たきび祭」を開催するなど、町おこしが実施されてきたのだ。

そんななか、2006年（平成18）に「『たきび』を発車メロディーにできないか」という声が上がったことから日野市が動き出し、2010年（平成22）に、ついに実現したのである。

ただ、ご当地にゆかりがある作詞家の曲を発メロにすることは、とくに珍しいことではない。豊田駅がユニークなのは、その曲を演奏したのが、市の産業振興課の職員だったという点だ。

小学校時代からピアノを習っていた職員が、JRにイメージを伝えるために即興《そっきょう》でいくつかのパターンを演奏して録音し、JRに送ったところ、「これでOK」と、なんとGOサインが出てしまったのである。

市としては、あとでプロの演奏家に演奏を頼むつもりだったそうで、じっさいにそのための予算も用意していたそうだが、職員のおかげで予算の節約になったということ。

これこそ、まさに真のご当地メロディー。豊田駅を利用するさいは、ぜひ耳を傾《かたむ》けていただきたい。

なぜ、日野駅の駅舎は民家のような造りになった？

都市部の駅といえば、無機質なビル風駅舎が多く、それは中央線も例外ではない。東京から高尾方面への列車に乗れば、三鷹を過ぎたあたりから牧歌的《ぼっか》な風景が車窓に広がるが、それでも駅周辺にはビルが立ち並び、駅舎はじつに近代的である。

ところが、立川駅のつぎにある日野駅は様相が異なる。駅舎は、こぢんまりとしており、その姿はまるで民家のような造りである。

しかし、日野駅周辺にはビルも多く立ち、街そのものはかなり発展している。駅だけが田舎の色合いを濃く残しているのだ。

現在の日野駅は、1937年（昭和12）、立川―豊田間の複線化が完成したさいに、500メートルほど八王子寄りだったかつての場所から、現在地へと移されたもの。駅舎を設計したのは、神田にあった交通博物館などを設計した伊藤滋《いとうしげる》氏。伊藤氏は、駅舎設計にかんして、

「日野付近は充分に近代都会的文化の影響を受けている所とはいえ、昔ながらの関東平野からの自然発生的風景習俗を保《たも》っている所でもある。そこに建てられるべき

は、やはり関東民家の雅味《がみ》を持ったものである」

とコメントしている。

そのサイズは民家としては標準的だが、駅舎としてはごく小さい。天井には丸太が組まれ、四隅《よすみ》の柱には丸太の皮がついた「面皮柱《めんかわばしら》」を施《ほどこ》すなど、伝統的な数寄屋《すきや》建築を堪能《たんのう》することができる。

いまでこそ近代的なものになっている改札も、完成当時は丸太でつくられており、設計者のこだわりが感じられるものだった。

現在、日野駅の軒先《のきさき》には、たい焼き屋さんが店を出しており、田舎風の駅舎とマッチしている。この場所だけが、昭和初期にタイムスリップしているかのよう

牧歌的なたたずまいの日野駅舎（提供:Rsa）

だ。近代的なビルへ変わる駅舎も多いなか、日野駅の駅舎は今後もずっと残してほしい風景のひとつである。

立川駅ホームの名物「おでんそば」ってなんだ?

列車を待っているあいだに、おいしそうなニオイにつられて、ホームにある立ち食いそば屋にふらりと入ってしまうという人も多いだろう。駅ホームの立ち食いそば屋は、ふつうのそば屋とはまたちがった魅力がある。

立川駅ホームにある立ち食いそば屋も、そんな魅力を持つひとつ。このそば屋には、「おでんそば」という名物があるのだ。

その名前から「おでん」なのか「そば」なのかと聞きたくなるが、その正体は「そばの上におでんの具がのっている」というもの。おでんの具といっても、「さつま揚げ」が1種類のみ。しかし、下にあるそばが見えないほど大きなさつま揚げで、しかも、おでんのダシで煮込んでいるので、しっかり味がしみている。

おでんそばが誕生したのは、お客から「おでんとそばでおなかをいっぱいにしたい。どちらも食べられないか」といわれたことがきっかけだったという。そこで、そばの上におでんの具のひとつ、さつま揚げをのせたのがはじまりだそうだ。

　そんな「おでんそば」だが、じつは一時、食べられなくなっていた時期がある。それは、２０１１年（平成23）３月のこと。東日本大震災により、おでんそばの具材であるさつま揚げを製造していた宮城県塩釜《しおがま》市の業者が被災したからだ。

　このさつま揚げは、おでんそば用に特別に製造されているもので、ニシンのすり身にスケソウダラやイトヨリダイなどの白身魚４種をブレンドし、あえて塩気をきかせたオリジナルだった。一時は、鹿児島県産のさつま揚げで代用することも検討されたが、こちらは甘味が強く、そばには向かなかったという。

　ピンチに陥《おちい》ったおでんそばであったが、その後、被災した業者の懸命な努力により、４月５日には販売再開にこぎつけた。ピンチを乗り越えたおでんそばは、いまでも、１日約２００食は売れる人気メニューである。

西国分寺駅のホームが「ウエスタン一色」な理由

　西国分寺駅は、１９７３年（昭和48）に開業した、中央線ではいちばん新しい駅である。中央線と交差するように走る武蔵野線の開業に合わせて新設されたものだ。

郊外にあるごくふつうの乗り換え駅といったイメージを持つ人が多いだろうが、じっさいにホームに降り立ってみると、「ここはいったいどこ?」と言いたくなるような不思議な光景に出くわす。

ホームはもちろん、駅のコンコースにいたるまで、板張りやレンガ造り風の外装になっており、外装には馬車の絵なども描《えが》かれている。まるでアメリカの西部劇に登場する街のようである。

これは、三鷹―立川間の高架化にともなって進められてきた、駅を中心にした街づくり構想のひとつで、西国分寺駅のコンセプトが、ウエスタン調だったのだ。

アメリカ西部とまったく関係ないはずの西国分寺駅だが、ウエスタン調になっ

ウエスタン調の店舗が並ぶ西国分寺駅ホーム

た理由は、「ここは東京西部のクロス・ジャンクション」という語呂合わせからだそうで、駅はコンセプトに沿って、2012年（平成24）にリニューアルされたのである。

ウエスタン調なのは構内だけではない。「nonowa西国分寺」と名付けられた駅ナカのファッションモールでは、ショップの店員がカウボーイハットをかぶっていたり、求人広告の掲示板には「WANTED」と書かれていたりと、なかなか徹底した西部ぶりを見せている。

ちなみに「nonowa」には、「環境の環」「人の輪」「心の和」など、さまざまな「わ」が生まれる場所になるようにという願いがこめられているという。

武蔵小金井駅は「お花見」のために開設された！

中央線の駅のなかには、お花見のために開設された仮設ホームが由来という風流な駅がある。それが武蔵小金井駅だ。

武蔵小金井駅周辺の桜の名所といえば、小金井公園がすぐに思い浮かぶが、駅の誕生に大きく貢献した桜の名所は小金井公園ではなく、駅の北約1・3キロにある

"桜の名所"として名高い武蔵小金井駅周辺図

玉川上水の山桜並木である。

玉川上水を桜の名所としたのは、八代将軍の吉宗だった。このころ、江戸っ子のあいだではお花見がさかんであり、吉宗は各所に桜を積極的に植え、花見の名所にしようとした。

その結果、上野をはじめ、隅田川沿いや王子の飛鳥山《あすかやま》とともに、武蔵小金井の玉川上水にも桜が植えられたのである。

明治・大正時代のころには、玉川上水の桜はとくに有名になり、多くの花見客が押し寄せた。そのため、玉川上水に近い場所に仮設ホームが設けられた。花見の時期には臨時列車が運行され、日曜日には数千人もの行楽客が訪れた。

この花見人気が契機となり、1926

年(大正15)1月15日、それまでの仮設ホームは正式な駅へと昇格し「武蔵小金井駅」となったのである。

全国初の「請願駅」として誕生した東小金井駅

東小金井駅は、周辺に亜細亜大学、国際基督教《キリスト》大学、ルーテル学院大学など、多くの学校が点在していることから、学生の利用が多い駅である。それにともない、駅周辺にもにぎやかな学生街が広がっている。

2014年(平成26)1月には、中央線の高架下に商業施設「nonowa東小金井」がオープン。カフェやレストラン、フードコートなどが並び、泉のある「水のテラス」や時計台、街灯などを設置するなど、フランスの学生街をイメージした街並みは、じつに洗練された雰囲気を醸《かも》し出している。

しかし、いまではとても想像できないが、東小金井駅の周辺は、かつて畑と雑木林が広がり、農家が点在するだけの場所で、そもそも駅すらなかった。

東小金井駅の誕生以前、武蔵境―武蔵小金井間の距離は3・4キロメートルもあり、東小金井の住民は、どちらの駅を利用するにも不便な思いをしていた。

その東小金井に駅ができたのは1964年（昭和39）9月のこと。ただ、この駅は、国鉄（現：JR）がつくったものではなかった。用地買収から駅舎の建設まですべて地元が負担した、全国初の「請願駅《せいがん》」だったのである。

言い換えれば、それほど何もなかった一帯であり、開業当時は駅前に畑が広がっていると揶揄《やゆ》されたほどだ。開業とともに駅からのバス路線もできたが、利用客があまりにも少ないためにつぎつぎと撤退。ついには、日に1便しかない状況にまで陥った時期もあった。

しかし、1970年代後半から急速に宅地化が進んだこと、さらに学生の利用が増えたことによって、周辺は現在のように発展をとげたのである。

武蔵境駅は、ひとりの男の情熱によって生まれた！

武蔵境駅は、1889年（明治22）に開業した古い歴史を持つ駅。その誕生には、あるひとりの男によるドラマがあった。

開業当時、中央線の前身である甲武《こうぶ》鉄道の起点駅である新宿から立川までのあいだにあったのは、わずか3駅だけだった。中野と国分寺と境（武蔵境駅の旧名）である。現在の中野―立川間といえば、吉祥寺や三鷹、荻窪など多くの利用客でにぎわっている駅があるが、なぜ、当初は武蔵境が選ばれたのだろうか。

じつは、甲武鉄道が駅を選定するさいには、つぎの3つの条件があったという。

ひとつは、「駅はなるべく人の多いところにつくる」ということ。鉄道敷設《ふせつ》には広大な用地買収が必要だったため、どうしても人家の少ない場所を通るルートになるが、乗降客が少なくては採算割れになってしまう。

だから、線路は人家の少ない場所を走ってもしかたがないが、せめて駅は少しでも人が多く集まる場所、たとえば、人の多い甲州街道や青梅街道に近い場所にしたいと考えたのだ。

ふたつめは、少しでも乗客増が見込めるように「神社仏閣などの観光地がある」こと。当然、都心部からの観光客を呼びこむもくろみがあった。

そして3つめは「駅の間隔をなるべく等しい距離にする」というもの。駅間が著《いちじる》しく離れていたり、短すぎたりしては運転効率が悪い。しかも、当時は単線であったので、途中で列車をすれ違わせる場所もいる。その場所を確保するためにも、ある程度の間隔が必要だった。

では、この3つの条件を満たしていたのが武蔵境だったのかというと、そうではない。これらの条件はあくまで基準であり、誘致に熱心な地域や、用地買収の費用など、いろいろな〝思惑〟がからんできた。

こうした事情を加味しても、当初、武蔵境に駅ができる可能性は低かった。ほぼ本決まりになっていたのは、大橋地区（現在の三鷹車庫のあたり）である。

ところが、この状況のなか「なんとしても、わが村に駅を設置してほしい」と熱心に願うひとりの男がいた。

その男とは、境村の秋本喜七である。秋本は、まず駅の誘致を行なっていた大橋地区の代表の家に行き、「なんとか駅の設置を境村へ変えてもらえないか」と直談《じかだん》判《ぱん》した。

秋本は、境村に駅を設置したほうが田無《たなし》へ一直線にルートがとれるということや、近くの小金井に桜の名所があることなどを説明したが、当然ながら大橋地区の代表が誘致を取り下げるわけがない。

そこで秋本は、甲武鉄道に直談判しようと思い立つ。とはいえ、甲武鉄道の本社は湯島天神にあり、境村からは約20キロも離れていた。交通手段のない当時は歩いて行くしかなかったが、秋本にとってはなんの障害にもならなかった。

徹夜で歩いた秋本は、早朝に甲武鉄道の本社にたどりつくと、さっそく「境村に駅をつくってくれるなら、駅までの道路は私財を投じてつくる。駅をつくるために必要な土地は寄付する」と申し出たのである。さらに、駅をつくってくれるなら、その場所はそちらの希望どおりにするといった条件も出した。

そして、秋本の並々ならぬ情熱に甲武鉄道の経営陣は押され、境村に駅ができることになったのである。

秋本は約束したとおり、駅開設のために自分の畑地を無償で提供したうえ、隣村の保谷《ほうや》や田無に通じる道路を建設。さらに、玉川上水に橋を架け、深大寺《じんだいじ》へ行く道路も整備したのである。

こうして、現在の武蔵境駅は生まれたのだ。驚くべきことに、このとき秋本は、

現在の武蔵境駅は、西武多摩川線の乗換駅でもある（提供:Rsa）

まだ20代の若者であった。

荻窪駅の〝南北分断問題〟は、なぜ解消できない？

中央線では、1957年（昭和32）から高架化計画がはじまり、順次実施されてきた。それまで高架化が遅れていた三鷹―立川間の高架工事も、2010年（平成22）に完了している。

ところが、荻窪駅周辺だけは話が別だ。荻窪駅周辺は高架になっておらず、中央線は相変わらず地上を走っているのである。

おかげで、荻窪駅周辺に住む住民や利用客からの評判はすこぶる悪い。線路によって駅周辺が南北に分断されているため、街の発展を妨《さまた》げているとか、南北を横断する施設はあるものの、階段を上り下りする必要があるため、高齢者や子ども連れには不便だという声が多いのだ。

杉並区が住民を対象に行なったアンケートでも、約5割が「南口と北口の行き来がしにくい」と答えており、事実、住民も再三、高架化を訴えているにもかかわらず、改善される様子はない。

じつは、高架にしたくてもできない事情がある。それは、駅の東側にある天沼《あまぬま》陸橋が、中央線高架化を妨《さまた》げているからだ。

天沼陸橋は、青梅街道と線路を交差させるためにつくられた陸橋で、完成は1955年（昭和30）のこと。中央線の高架化計画がはじまる2年前である。

もともと天沼陸橋は、もっと早く完成するはずだった。しかし、完成間近の1944年（昭和19）にアメリカ軍の空襲によって破壊され、戦後の1948年（昭和23）に工事を再開、やっと完成したという経緯がある。そこまで苦労して完成させた陸橋が、完成した2年後に中央線高架化の邪魔になってしまったというのだから皮肉な話である。

荻窪駅周辺の高架化については、国鉄からJRに変わったあとも何度も検討されたが、結果的には経費や技術上の問題で断念したままとなっている。高架化を実現するには、天沼陸橋だけでなく、同じく駅の近くで交差する環状8号線の構造まで変更しなければならないという問題も横たわっている。

杉並区はJRと協議し、駅の南北自由通路のバリアフリー化や利便性の向上に向けた検討を重ねており、エレベーター設置などの措置《そち》は講じているものの、あくまで対症療法でしかない。

ふたつの道路と中央線が交差する荻窪駅周辺図

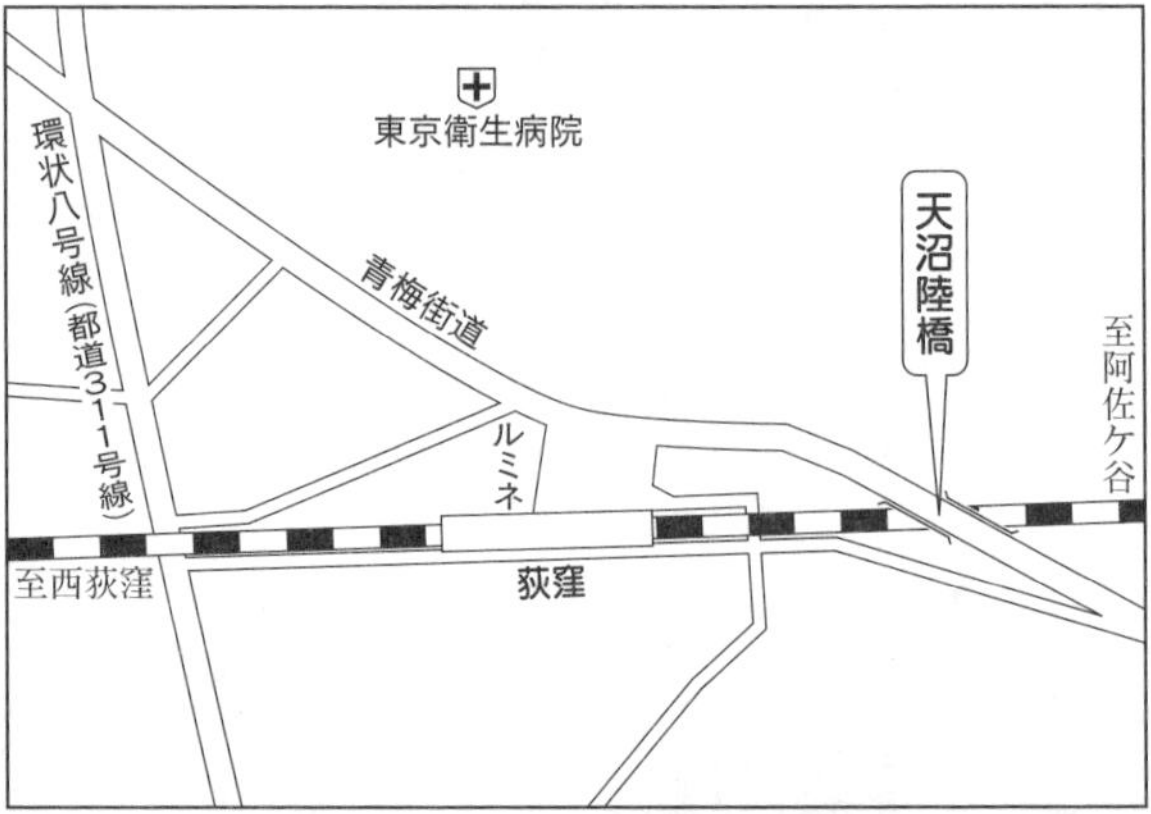

天沼陸橋の下を線路が通る構造になっている

線路が高架化され、荻窪の街が南北で一体感を持つには、まだまだ時間がかかりそうだ。

夏の高円寺駅ホームに「阿波踊り」が流れるワケ

8月になると、高円寺駅の発車メロディーが「阿波踊り」の曲に変わることをご存じだろうか。

阿波踊りといえば、いわずと知れた徳島のお祭りである。たしかに阿波踊りは夏の風物詩ではあるが、ここ高円寺との関係はどのようなものなのだろうか。

じつは、阿波踊りを夏のイベントとして取り入れている地域は意外なほど多く存在する。とくに首都圏では、大小含めて20以上の地域で阿波踊りが開催されている。

そのなかでも、毎年8月下旬に行なわれる高円寺の阿波踊りは、首都圏における阿波踊りの元祖のような存在で、規模も大きく、100万人以上の動員数を誇っている。本場・徳島の阿波踊りの動員数が130万人といわれているから、本場とくらべても遜色《そんしょく》ない規模だ。

高円寺で阿波踊りが開催されるようになったのは、1957年（昭和32）のこと。

高円寺商店街の振興と駅近くにある氷川《ひかわ》神社の祭礼のために、高円寺商店街振興組合青年部が、なにかイベントを開催しようと考えたのが発端である。

はじめは、おみこしをかつぐといった一般的な夏祭りの案も出されたようだが、それだけではつまらないということになり、もう少しユニークな催《もよお》しを探すことになった。

一説には、隣の阿佐ケ谷駅で、仙台発祥の「七夕まつり」を開催していたので、隣の駅が北国の祭りをするなら、こちらは南国名物の祭りをしようということで、阿波踊りに決定したらしい。

もっとも、現実的な理由としては、高円寺商店街は道路幅が狭かったので、狭い道路でもできる祭りはないかと探したところ、道路を練り歩く阿波踊りが選ばれたようだ。また、大型のみこしなどを用意する必要がなく、手軽にできる祭りだったために、都心で開催するにはちょうどいいというメリットもあった。

開催当初は、見よう見まねの阿波踊りだったが、その後、徳島出身者に本場の踊りの指導を受け、じょじょに本格化。いまでは、高円寺を代表する夏の風物詩にまでなったのである。

8月になると、高円寺一帯は阿波踊り一色となり、駅の発車メロディーまでもが阿波踊りの曲に替わる。

さらに、高円寺商店街の人々は、ほかの地域の人々にも阿波踊りを紹介し、熱心に指導した。そうした活動が実を結び、三鷹や小金井など、中央線沿線では阿波踊りを開催する地域が多くなったのである。

大久保駅に導入された「遠隔操作システム」とは？

大久保駅とJR山手線の新大久保駅は、ともにコリアンタウンのある大久保通りに面する駅。ふたつの駅は至近距離にあるため、歩いて移動することができる。『冬のソナタ』をきっかけとした韓流《はんりゅう》ブームが到来したさいは、おおいににぎわった駅だ。

そんな両者だが、知名度でくらべると、どうしても大久保駅の分《ぶ》が悪い。やはり山手線の駅にはかなわない……といった感じだが、2013年（平成25）、注目されるニュースが飛びこんできた。同年12月にJR東日本が、大久保駅に「駅遠隔操作システム」を導入すると発表したのだ。

駅遠隔操作システムとは、自動券売機や自動改札機、自動精算機等の操作・監視

駅遠隔操作システムが導入された大久保駅南口改札

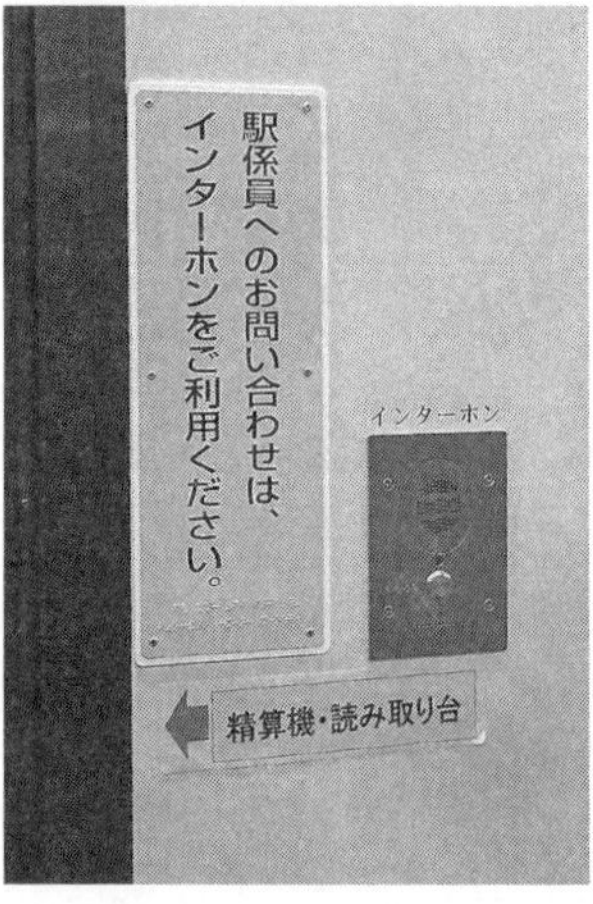

インターホンを通して、
駅員への問い合わせができる

を遠隔で行なうシステムのこと。これまでは何か問題が起きると、事務所や改札にいる係員が直接対応していたが、係員がいなくても、ほかの場所からインターホン越しに乗降客の応対をしたり、改札ドアの開閉を操作できるというシステムである。

類似《るいじ》したシステムは、すでに名古屋鉄道などで導入されていたが、JRではじめてのことで、2014年（平成26）2月2日の横浜線片倉《かたくら》駅・八王子みなみ野駅・相原《あいはら》駅を皮切りに順次、導入駅が増やされ、大久保駅も同年2月16日に中央線としては唯一《ゆいいつ》の導入駅として新システムがスタートした。

先端技術の導入という点で、山手線の新大久保駅を一歩リードしたかたちである。駅遠隔操作システムは、その後も多くの駅で導入が進んでおり、今後はJR東海などでも導入される予定だという。

代々木駅の中央線ホームがヘンな形になった事情

代々木駅は、山手線の内回りと中央線（総武緩行線《かんこうせん》）の下りが同一ホームに乗り入れているため、乗り換えの便利さを実感している人が多いだろう。隣の新宿駅ではホームが異なるため、乗り換えには階段を上り下りする必要があるからだ。

それと同時に、代々木駅を利用する人は、ホームがいびつなかたちをしていることにも気づいているかもしれない。ほかのホームよりも、東側半分は北のほうに、西側半分は南のほうにそれぞれ突き出ている。しかも、ホームの中央付近には段差まであるといった具合だ。

いったい、なぜこんないびつなホームになっているのか。

これは、中央線が大きくカーブして南側から乗り入れていることと、代々木から新宿方面に向かって、上り勾配《こうばい》になっていることが原因である。

中央線は、代々木駅の南側から大きくカーブしており、ホームの中間の位置でやっと直線になる。となれば、大きくカーブする前（つまり南側）にホームをつくれば済む話だが、じつはそうもいかない。南へ寄れば寄るほど山手線と離れてしまうからだ。中央線と山手線を同じホームで合流させるためには、ホームをこれ以上、南側へ移すことはできないのである。

では、中央線と山手線が、より近くなる北側にずらせばどうだろうか。

じつは、中央線と山手線の距離については、この方法で解決できるのだが、もうひとつの問題が出てくる。中央線の新宿方面へは上り勾配になっているため、中央線と山手線のあいだにある高低差がさらに広がる。つまり、北側にずらせば、いま

いびつな形のホームがある代々木駅構内図

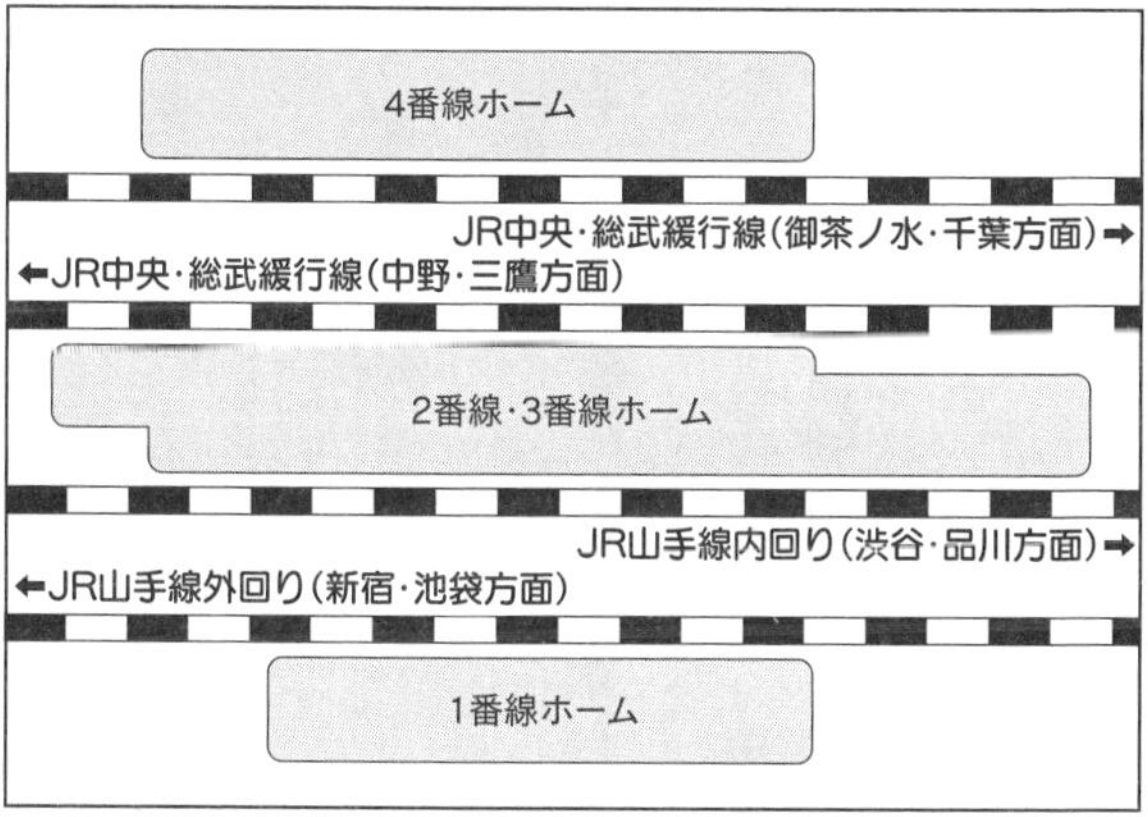

ホームの先端に向かうにつれて、段差が生じている

以上にホームの段差が大きくなってしまうのだ。

結局、中央線と山手線を同じホームに合流させるためには、もっとも「まし」な位置が現在の場所であるということ。ホームがいびつなかたちにならざるをえなかったことも、これで納得できるというものである。

千駄ケ谷駅ホームに、どうして「将棋の駒」がある？

かつて駅のホームには、たいてい水飲み場が設置されていたものだが、時代の流れとともに、水飲み場は撤去され、その多くは自動販売機に取って代わられてしまっている。

しかし、千駄ケ谷駅のホームには現在も水飲み場があり、懐かしさを漂わせている。しかもこの水飲み場、王将の駒と将棋盤をかたどったモニュメントと一体となっている珍しいものだ。

なぜ、千駄ケ谷駅のホームには水飲み場が残り、それが将棋のモニュメントなのか。

じつは千駄ケ谷は、将棋に深い縁がある地。１９６１年（昭和36）に、将棋連盟が千駄ケ谷にやってきたのがきっかけである。その後、千駄ケ谷2丁目には、現在の将棋会館ができている。

そして、この街の人々にもっと将棋のこと、千駄ケ谷のことを知ってもらいたいという願いをこめて、日本将棋連盟から千駄ケ谷駅に寄贈されたのが、この水飲み場付きモニュメントだったというわけだ。

千駄ケ谷駅の駅員によると、水飲み場が撤去されている昨今の風潮であっても、かれこれ50年も千駄ケ谷の駅に存在している名物であり、また将棋の駒のモニュメントでもあることから、撤去予定はないということだ。

また、日本将棋連盟は「千駄ケ谷を将

「王将」の文字は、十五世名人大山康晴によるものだ

棋のまちに」というプロジェクトを立ち上げて、千駄ケ谷駅前の清掃活動や、月に一度のイベントなども実施し、地域の交流にひと役買っている。

四ッ谷駅が第一号となった「エコステーション」とは？

四ッ谷駅では、２０１２年（平成24）より「エコステーション」なる取り組みがはじまっている。

エコステーションとは、積極的に再生可能エネルギーを使い、また省エネを進めるなどして、環境に配慮した駅のこと。ＪＲ東日本では、全12支社にモデル駅を設け、順次、ほかの駅にも展開していく考えだ。その第1号となったのが四ッ谷駅なのである。

たとえば、駅舎の天井を天窓にし、そこにシースルー型の０・２キロワットの太陽光パネルを設置している。昼間は天窓を通して自然光が射《さ》しこむので、駅舎内の照明を使わずに済むし、太陽光パネルで発電したエネルギーは電気と熱に変えて、ホームやコンコース、駅事務室で消費できるようになっている。

また、駅の敷地全体の緑化整備にも取り組んでいる。各ホームの屋根の上にコケ

屋根にコケが植栽されている四ッ谷駅ホーム

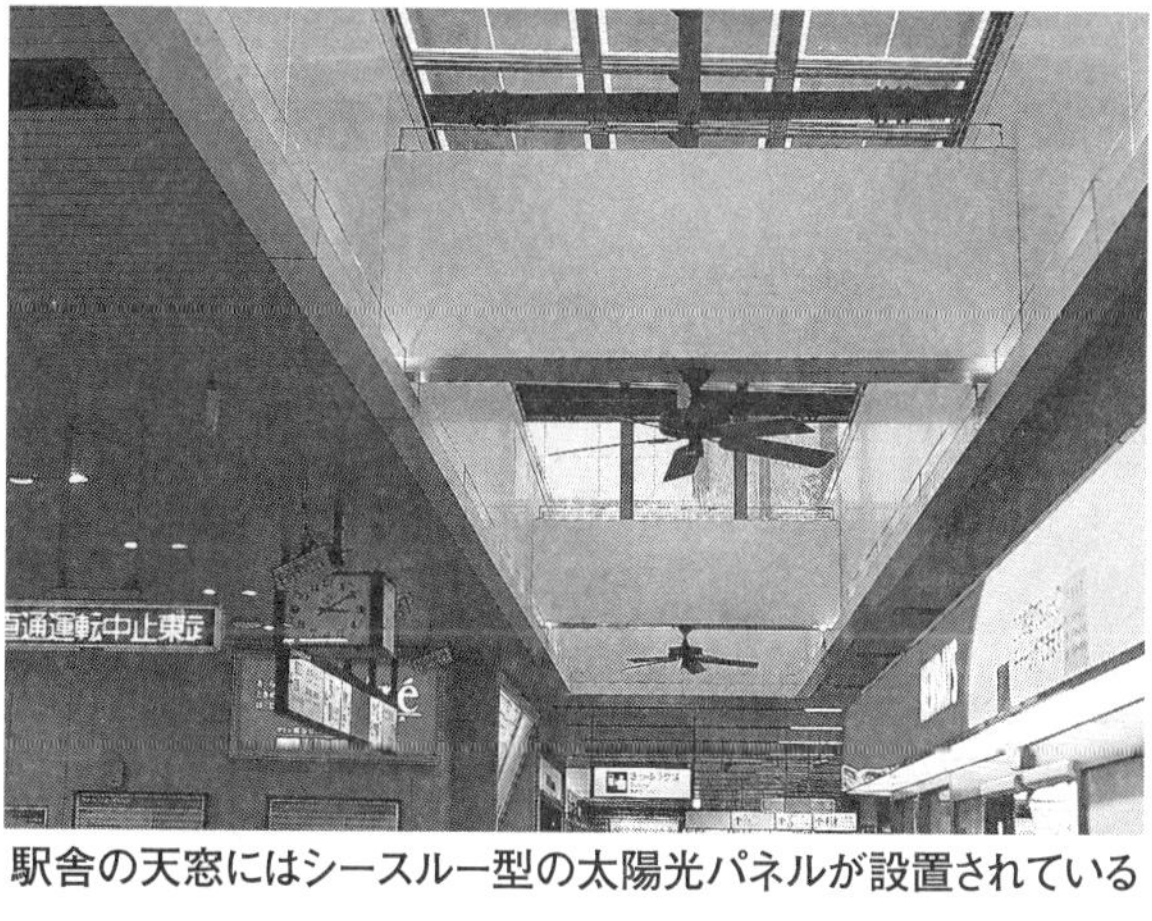

駅舎の天窓にはシースルー型の太陽光パネルが設置されている

考えだ。

を植栽することで、夏には冷却効果が得られるほか、CO_2削減にも貢献しようという

これには、ホームの屋根の上には土を敷くことはできないが、土が必要ないコケなら植栽できるということ、また、コケはほかの植物のように葉や根、ツルが伸びることがないので、電車の走行を邪魔することもないというメリットがある。

ほかにも、夏場の体感温度を下げて、少しでも快適に感じてもらうために、四ッ谷口付近の駅舎周囲は保水性舗装を施している。

これらの技術の導入により、四ッ谷駅では、年間189トンのCO_2削減に成功しているという。

このような技術面だけでなく、意識の改革にも取り組んでいる。赤坂口と四ッ谷口の改札近くにはエコ情報表示板を設置し、いま、何キロワットの電気が発電しているのかを表示することで、駅員はもちろん、乗客にもエコ意識を高めてもらう工夫をしているのだ。

現在は四ッ谷駅以外でもつぎつぎに計画されている「エコステーション」。この取り組みは、今後、各駅へとさらに波及していくことになりそうだ。

なぜ、飯田橋駅は急カーブにホームが設置された？

飯田橋駅を利用したことがある人なら、電車の乗り降りにヒヤッとさせられたことがあるだろう。車両とホームのあいだが、思いのほか空《あ》いているからだ。

車両とホームのあいだには、最大33センチもの隙間《すきま》があり、細身の人ならすっぽりはまってもおかしくない。じっさい、この隙間に人が転落する事故は少なからず起きている。この大きな隙間の原因は、急カーブにホームが設置されているため。

その曲線の半径は300メートルあり、都内のJRの駅で、これほどの急カーブに設置されているホームは飯田橋駅以外にはない。

そもそも、なぜ、そんな所にホームが設置されたのだろうか。

答えは、中央線の複々線化とその後の輸送量の急増にある。1928年（昭和3）、中央線の複々線化工事の完了とともに開業した飯田橋駅は、もともとの線路がカーブしていたために、端《はし》から端まで直線のホームをつくることができず、カーブしたホームを設置せざるをえなかった。

当時は、それでも問題はなかった。なぜなら、列車は編成が短く（1両か2両）、

ホームには転落事故を防ぐための注意書きがある（提供:本屋）

飯田橋駅ホーム移設計画図

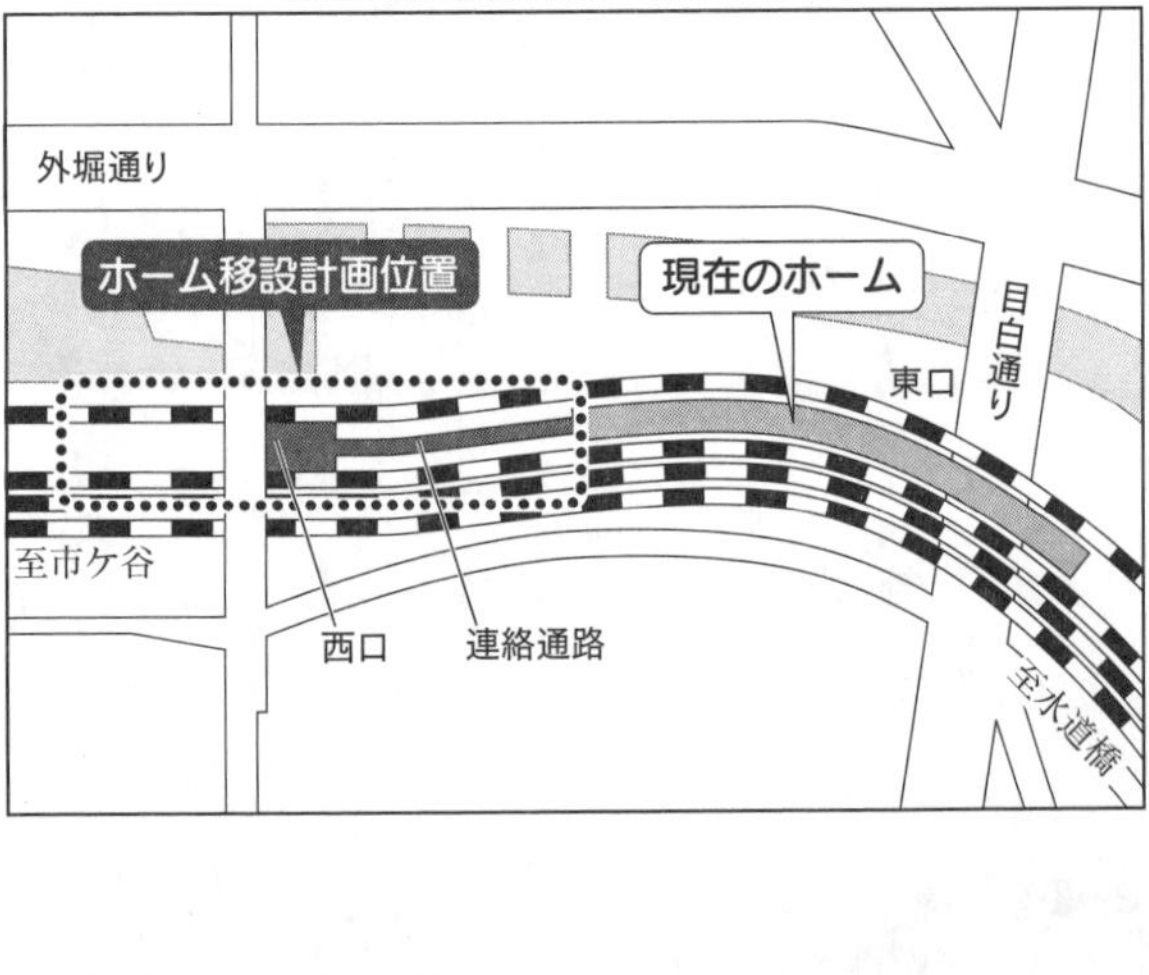

ホームの直線部分に停まることができたからだ。今日のような転落事故を心配する必要がなかったのである。

しかし、戦後になると輸送量が急増。それに対応するために、列車の編成を長くする必要に迫《せま》られた。結果として、飯田橋駅のホームでは、カーブしている部分にまで車両が停まるようになってしまったというわけである。

現在、JRでは、アナウンスで注意を呼びかけたり、検知マットを設置したりするなどして線路への転落の対策をとっているが、それでも転落事故はゼロになっていない。

そこで、JRはさらなる対策として、2020年の東京オリンピック開催までに、市ケ谷方向へホームを約200メートル移設し、ホームを直線化させる予定であると発表している。飯田橋駅のホームがどのように変わるのか。その完成が楽しみである。

御茶ノ水駅が〝崖沿い〟につくられた経緯とは？

御茶ノ水駅は大学、書店、出版社などが集まる地域にある。駅名の「御茶ノ水」は、江戸時代に将軍の茶立て専用の湧水《ゆうすい》が湧《わ》いていたことに由来しているという。

その御茶ノ水駅を神田川（外濠）の対岸から眺《なが》めると、まるで土手の斜面に這《は》いつくばるように建てられていることがわかるだろう。なんとも危なっかしく、不安定な感じは否《いな》めない。

その理由には駅開設までの苦難の歴史があった。

初代の御茶ノ水駅は、１９０４年（明治37）に中央線の前身である甲武鉄道によって建設されたのだが、それに至る建設申請のさい、甲武鉄道は東京都から「道路に干渉《かんしょう》しないように線路を敷設せよ」という条件をつけられていた。

すでに通っている道路のすぐ脇には外濠がある。どうすれば、道路の邪魔にならないように線路を走らせることができるのか、甲武鉄道の関係者は頭を悩ませた。

その結果、「江戸城（皇居）の外濠の内側を走らせるしかない」と結論づける。

そこで、外濠の内側にトンネルをつくり、そこに線路を敷設する計画を立てたが、ここで難題が持ち上がった。御茶ノ水周辺は、かつて将軍のお茶立て用の湧水を取っていたことでもわかるように、地下水が豊富に湧き、しかも地盤が粗《あら》いという特徴があった。そのため、トンネル工事はむずかしいということが判明したのである。

トンネルを断念しなければならなかった甲武鉄道は、つぎなる策を考える。

川に沿うように立つJR御茶ノ水駅。橋を渡るのは東京メトロ丸ノ内線

それは「斜面を切り崩して線路を敷く」というものだった。これなら地盤の心配をしなくていいし、道路も邪魔しない。

だが、またしても難題が立ちはだかる。いざ着工というときになって、東京都から「土手の景観は保全せよ」という命令が下ったのだ。

結局、線路は外濠と土手にはさまれたごく限られたスペースを通さざるをえなくなった。当然、駅も土手の斜面に引っかけるように、不安定なかたちで建設されたのである。

現在の御茶ノ水駅は、1932年（昭和7）に建設されたものだが、駅の位置は昔とほぼ同じ。いまも土手に這いつくばるようなスペースにあるため、構内幅は30メートルと、せまいままなのである。

なぜ、東京駅の中央線ホームは高い場所にある？

目の前に赤レンガの立派な駅舎が見えるのが、東京駅の中央線ホームである。ホームに降りて驚かされるのは、ここが高い場所にあることだろう。ビルの3階ほどの高さにある。

不思議なことに、ほかの東京駅を通る山手線や京浜東北線など5つの在来線ホームのうち、中央線だけが1階分高い場所にある。こうなったのはそう古い話ではなく、1995年（平成7）のこと。

それまでの中央線は、現在、山手線と京浜東北線（大宮方面）が使用しているホームである3～4番線を使っていた。かつてはこのホームが、東京駅ではもっとも丸の内側にある1～2番線ホームだったのだ。

ところが、1995年に長野新幹線が開業することになったため、ホームが足りなくなってしまうという事態になった。

そこで、さらに丸の内側寄り（つまり駅舎寄り）に1階分高いホームを新設し、それを新しい1～2番線ホームとして中央線を移動させた。

それに応じて、隣の山手線と京浜東北線は、かつて中央線が使っていたホーム（もとの1～2番線ホーム）へと移動し、ほかの在来線も横にスライドするようにホームを移動。そして長野新幹線用として、それまで東海道本線が使っていた9～10番線ホームを改修したのだ。

新幹線用のホームを新設せず、中央線用のホームを新設したのは、駅舎を保存しながら重層高架化し、中央線のホームを確保する案が、もっともコストがかからないと試算されたためだった。

その代わり、デメリットも生じた。中央線ホームから改札口へと向かったり、

重層高架化されている中央線の東京駅ホーム

他の路線に乗り換えをするさいには、長いエスカレーターを使用しなければならなくなってしまったのだ。なかでも、地下4階にあるJR京葉線に乗り換えようものなら、駅の構内を10分以上も歩き続けなくてはならないという状況を生んでいる。

3

独特な雰囲気がたまらない!

沿線文化の謎学

たとえば…
「中野ブロードウェイ」は
高級マンションの先駆けだった!

中野―荻窪間に滑走路をつくる計画が存在した！

その昔、中央線沿線に飛行機の滑走路を建設する計画があった。計画されていた予定地とは、なんと高円寺駅の北側。現在の高円寺の様子からはまるで想像もできないような話だが、その真相を探《さぐ》ってみよう。

高円寺駅の北側には、かつて陸軍鉄道大隊が置かれていた。明治以降、東京の人口が急増したため、広い敷地を必要とした軍事施設は郊外への移転を進めていたのである。陸軍鉄道大隊が高円寺の地に転入してきたのも、そのような事情からだった。

大隊は、中野駅から荻窪駅までの約2・5キロメートル、幅30〜50メートルほどの広さを軍用地とし、ここで鉄道敷設《ふせつ》の演習などが行なわれていた。

第一次世界大戦後、航空機の重要性が認識されはじめると、1919年（大正8）に飛行隊が編成される。

飛行隊の訓練となれば、当然、飛行機が離着陸するための滑走路が必要となる。そこで持ち上がった計画が、陸軍鉄道大隊が使用している約2・5キロ、幅30〜50

メートルの軍用地を幅100メートルにまで広げ、そのまま滑走路にするというものだった。

　じっさいに100メートルまで周辺地域を拡張するとともに、馬橋《まばし》公園を含む1万7000坪の土地が飛行機格納庫予定用地として、新たな軍用地となったのである。

　ところが、周辺には民家が多く、しかも拡張したとはいえ、飛行場としてはせまいという理由から、この計画は頓挫《とんざ》してしまう。

　結局、1926年（大正15）に格納庫予定用地には陸軍通信学校が開校。その後、軍用地は宅地化され、いまではそうした計画があったことさえもほとんど忘

陸軍の施設があった馬橋公園入口脇にある敷地境界標石

れられているが、わずかに残った軍用地の一部が、高円寺駅の北側に東西を走る道路として残されている。

西荻窪にアンティークショップが集中している理由

西荻窪を散策するなら、まずは北口の駅前にある交番を目指してほしい。じつは、この交番では街の地図をもらうことができるのだ。交番で地図を配るとは、ちょっと珍しい話だが、その地図というのがまた珍しい。その名も「アンティークマップ」。その名のとおり、駅周辺にあるアンティークを扱う店を紹介している地図なのである。

西荻窪駅周辺には、アンティークショップがとても多い。その数は、なんと60軒以上にも及ぶ。春と秋には骨董《こっとう》祭りも開かれており、アンティーク好きにはたまらない街である。

なぜ、西荻窪にアンティークショップなのか。

その理由は、戦時中、この界隈《かいわい》に軍人が多く住んでいたことにある。いずれも100坪以上の広大な屋敷だったが、これらの屋敷が手放されるさい、不要な家具などを引き取って、その場で売るようになったのがきっかけである。

とはいえ、アンティークマップの第1弾が出された1984年（昭和59）当時のショップの数は、わずか9軒にすぎなかった。これほどまでに増えたのは、休日に快速が停車しない西荻窪駅周辺は、中央線沿線でも不動産価格が比較的安く、店舗を借りやすいという状況があったためである。

しかも近年、スーパーマーケットに押されて廃業する商店が増えたこともまた、空《あ》き店舗を借りやすくしているという。

西荻窪がアンティークの街として定着した背景には、アンティーク店にとって好都合となる理由が重なったということがあるのだ。

中央線沿線には、ジブリ映画の舞台がいっぱい!

吉祥寺駅からほど近い井《い》の頭《かしら》公園には、「三鷹の森ジブリ美術館」がある。

『風の谷のナウシカ』をはじめ、『天空の城ラピュタ』『となりのトトロ』『千《せん》と千《ち》尋《ひろ》の神隠し』など数多くの傑作を世に送り出してきたスタジオジブリをテーマにした、三鷹市が運営する美術館だ。

歴代作品の資料や製作スタジオ風景再現といった展示はもちろんのこと、子どもが中に入って遊ぶことができる「『となりのトトロ』のネコバスルーム」などもあり、まるで迷路のような館内を歩きながら、ジブリの世界観を感じられる場所となっている。

ジブリの作品を感じることができるのは、なにもここ井の頭公園だけではない。中央線沿線、とくに多摩地区には〝ジブリの世界〟があふれている。

まずは、武蔵小金井駅からバスで5分、小金井公園内にある「江戸東京たてもの園」だ。この施設には、現地での保存がむずかしくなった文化的・歴史的に価値のある建物が移築保存されているが、銭湯「子宝湯」は、『千と千尋の神隠し』で湯《ゆ》婆婆《ばーば》が営む「油屋」のモデルとなっている。

また、文具店「武居三省堂」にある桐箱の引き出しが並ぶ様子は、同じく『千と千尋の神隠し』に登場する窯爺《かまじい》が働くボイラー室の薬草箱とそっくりだ。

さらに東小金井駅北口には、『コクリコ坂から』の主人公のふたりがコロッケを買うお肉屋さんのモデルとなった「肉のとんぺい」がある。こちらも、お店の外観のデザインは映画とそっくりである。

ほかにも『となりのトトロ』の舞台は、東村山市の都立八国山《はちこくやま》緑地《りょくち》がモデルだし、

「油屋」のモデルになったといわれる子宝湯

『耳をすませば』や『平成狸合戦ぽんぽこ』は、多摩市や武蔵野市の情景がモデルである。『借りぐらしのアリエッティ』は、小金井市が舞台だ。

このように中央線沿線の地域は、ジブリ映画の着想の原点として、これまで数多くの作品に登場しているのである。

中央線の車窓から景色をながめてみると、三鷹駅を通過したあたりから、オフィスビルの裏手に民家の畑が見えるなど、都心部とはまったくちがう景色が広がってくることがわかるはず。中央線に乗るだけで、ジブリの世界へと近づくことができるのだ。

なぜ、吉祥寺はつねに「住みたい街No.1」なのか？

吉祥寺といえば、「住みたい街ランキング」で、つねに首位に選ばれる街である。東急デパートやパルコ、大規模な駅ビルといった商業施設に、その長さで有名なアーケード街もあり、さらにライブハウスなど音楽関係の店も多い。

かつての吉祥寺は、田園地帯が広がる何もない土地だった。ところが、関東大震災を機に宅地開発が進み、いまや、もっとも魅力のある街として発展してきた。人を惹《ひ》きつける魅力とは、いったいどこにあるのだろうか。

まず、なんといっても交通の便のよさだろう。中央線を使えば、乗り換えなしで新宿駅や東京駅に行くことができるし、直通運転を行なっている東京メトロ東西線に乗れば、都心での地下鉄の乗り換えもスムーズだ。さらに、京王井の頭線を使えば、一本で渋谷にも出ていける。

つぎに、若者からセレブまで、さまざまな人々が暮らすことができる多様性があることだ。住居はもとより、商業施設にしても、それぞれのニーズに合った店が軒《のき》を連《つら》ねている。

3つめは、井の頭公園をはじめとして、周囲に自然がたくさん残っている点。もともと田園地帯だったことに加え、計画的に宅地開発が行なわれたので、吉祥寺には公園や緑が多い。

こうした生活の便利さと豊かな自然を兼《か》ね備《そな》えているところが、人の心をくすぐっている。自然を愛する人からも、お洒落《しゃれ》なお店で食事を楽しみたい人からも、ゆったりと都会の生活を楽しみたい人からも支持されているのである。

ところが近年、人気のある街であるがゆえの悩みも出はじめている。地価が高騰《こうとう》しているのだ。都心により近い荻窪や西荻窪以上に地価が高いという、ちぐはぐな現象が起こっている。

しかも、地価の高騰のあおりを受けて、昔ながらの商店が商売を続けることができなくなり、チェーン店に代わってしまうケースも増えている。せっかくの個性的な商店の魅力が、この街から消えつつあるという。

さらには、人気のある街だけに、マンション開発が急ピッチで進み、つぎつぎに高層マンションが建設されている。これでは、街のイメージが損なわれかねないと心配する声も上がっている。

人々が憧れる街・吉祥寺だが、この街ならではの悩みがある。

高架下の新名所「阿佐ヶ谷アニメストリート」とは?

いまや日本文化のひとつとして世界でも認知されているのがアニメ文化である。アニメの関連会社は、全国で400以上あるが、そのうちの360社は東京に集まっており、しかも、杉並区と練馬区の2区に集中している。この2区だけで、アニメ関連会社の約34パーセントを占《し》めているといわれるほどだ。

そして中央線沿線には、杉並区外にもアニメ関連会社が軒を連ねている。たとえば、宮崎駿を擁《よう》するスタジオジブリは小金井市にあり、漫画家の吉田龍夫が設立したタツノコプロの所在地は武蔵野市。『うる星やつら』などのテレビアニメを制作する日本アニメーションは多摩市に、『ちびまる子ちゃん』などを制作するスタジオぴえろは三鷹市にあるという具合だ。

そして、アニメファンが集まる商店街「中野ブロードウェイ」(94ページ参照)は、もちろん中野駅である。まさに中央線は〝アニメ路線〟といってもいいだろう。

さらに、中央線沿線には新たな注目スポットが登場している。それは「阿佐ヶ谷アニメストリート」だ。

誕生は2014年（平成26）3月29日。阿佐ケ谷―高円寺間の高架下にある「アニメをつくる人と見る人が会える場」というコンセプトの商店街である。

　コスプレ衣装を借りることができたり、3Dプリンターを使って、自分をモデルにしたフィギュアをつくることができたり……と、参加型のテナントがずらりと並んでいる。

　なかには、店員全員が声優の卵というカフェもあり、アニメキャラの声で接客してくれるという、アニメファンにとっては垂涎《すいぜん》のサービスまで用意されている。

　このアニメストリートを企画したのは、ジェイアール東日本都市開発。アニメ関連会社が多く集まる杉並区の特色を

新たな“アニメの聖地”を目指す阿佐ヶ谷アニメストリート

生かしながら、広いスペースが確保できる高架下を活用しようというアイデアから生まれたという。

杉並区では、集客率をさらに高めるために、区内の25か所でアニメに登場するキャラクターとスマートフォンでツーショットが撮れるという街歩き企画「アニメ×ウォーク」も実施している。

高円寺が「音楽の街」になったきっかけとは?

中央線沿線は、駅ごとに特徴のある文化が見られるが、そのなかで、高円寺といえば「音楽の街」といったイメージが強い。高円寺では、ギターをかついだ若者が多く見かけられるし、じっさいに音楽に携《たずさ》わる関係者も多い。

この背景には、もともと高円寺周辺は物価が安く、若者向けのあまり家賃の高くないアパートも多かったため、駆《か》け出しの若者にとって暮らしやすいという下地があった。

そして、音楽の街・高円寺を印象づけたのが、1968年（昭和43）にオープンしたロック喫茶「ムービン」だろう。

この店では、当時としては高価で手に入りにくかった輸入盤のレコードがかかっていた。つまり、ここに来ればいつでも〝本場〟のロックが聴けたのである。こうしてムービンは、ミュージシャンの卵たちのたまり場となっていった。

音楽を目指す者が集まると、自然とセッションする雰囲気が生まれるものだ。ムービンでは、しだいに客どうしによる演奏が行なわれるようになり、ライブハウスの先駆《さきが》けとなった。

高円寺にミュージシャンの卵たちが集まり出すと、ムービン以外にもライブハウスや音楽喫茶がつぎつぎに誕生するようになり、こうして〝音楽の街〟が形づくられていったのである。

さらに「高円寺=音楽の街」を全国に広めたのは、吉田拓郎の『高円寺』という曲だったともいわれている。

この曲は、1972年（昭和47）に発売されたアルバム『元気です。』に収録されているもの。

「高円寺」の名は、歌詞に一度しか出てこないのだが、タイトルになっていることから、全国のフォーク少年たちに「ミュージシャンがいる場所」というイメージを抱かせたといわれる。

東京ドームホテルの裏にたたずむレンガの正体は?

水道橋駅近くに立つ「東京ドームホテル」は、その名のとおり東京ドームに近く、野球観戦や東京ドームシティアトラクションズといったレジャーの拠点となる便利な施設である。

いまやレジャー施設が立ち並び、行楽客のにぎやかな声が行き交う水道橋だが、かつてはそんな雰囲気は微塵《みじん》もなかった。

それを示す証拠が、このホテルの裏側にひっそりと置かれているレンガだ。その由来が書かれたステンレス板とともに保存展示されている。

このレンガは、陸軍砲兵工廠《こうしょう》の名残《なごり》である。この地はかつて、兵器が製造されていた場所だった。後楽園が旧水戸藩上屋敷跡であることはよく知られているが、後楽園のすぐ隣に砲兵工廠があったことは、あまり知られていない。

じつは、水道橋駅ができたのも、この砲兵工廠で働く工員をはじめ付近にある工場などへ通う人々のためだった。当時の水道橋駅は、いまのような行楽客の姿はなく、通勤客ばかりが利用する駅だったのである。

陸軍砲兵工廠跡に立つ東京ドームホテル周辺図

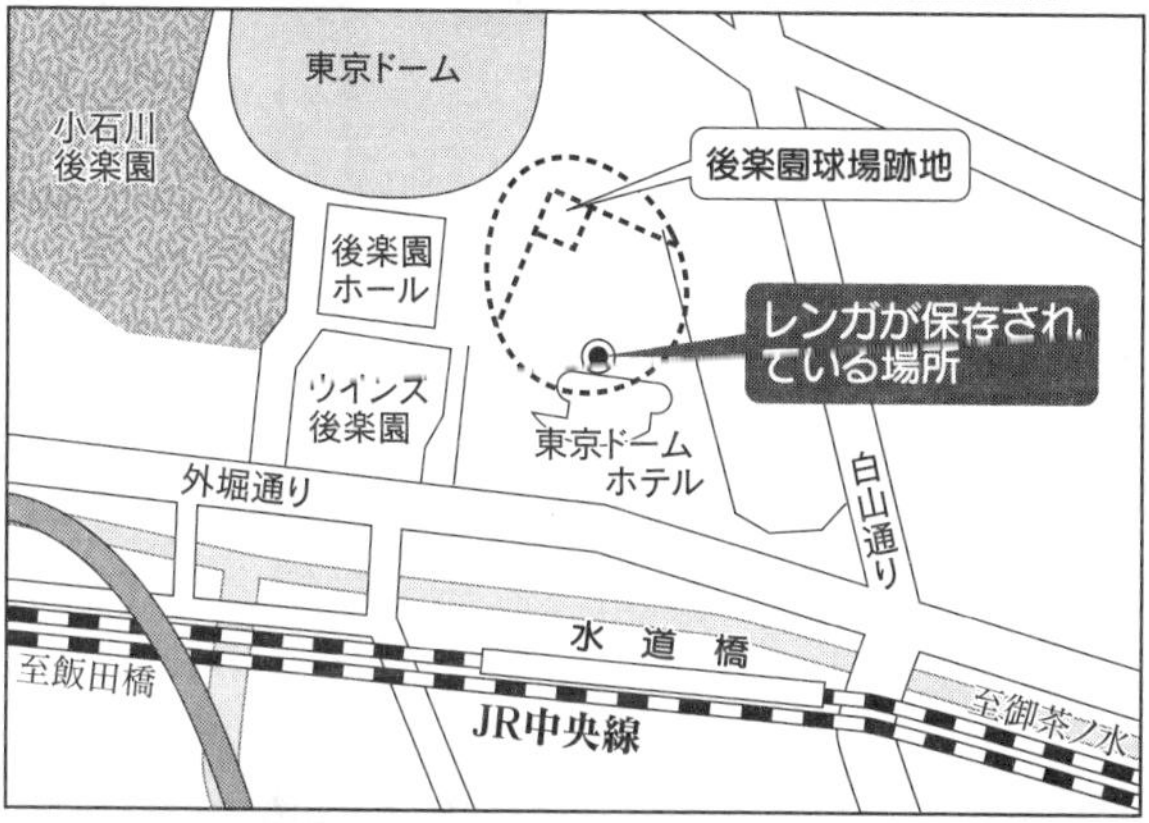

レンガは旧陸軍東京砲兵工廠の基礎として使われた

水道橋の砲兵工廠は、1935年（昭和10）、小倉《こくら》の砲兵工廠と統合されることで閉鎖され、空き地となった土地は民間に払い下げられた。そして、跡地にできたのが、読売ジャイアンツのホームスタジアムであった後楽園球場である。

「中野ブロードウェイ」は、高級マンションの先駆けだった！

中野駅といえば、再開発が進んでおり、早稲田大学や明治大学などが新しい施設を建てるなど、駅周辺の変化が著《いちじる》しいが、50年近く変わらない建物もある。

それが「中野ブロードウェイ」だ。「オタクの聖地」「サブカルチャーの殿堂」の異名《いみょう》を持ち、近年では外国人も数多く来店するようになっている。まさに「クールジャパン」を牽引《けんいん》するスポットのひとつになりつつある。

それにしても、なぜ、中野ブロードウェイは、サブカルチャーの聖地になったのだろうか。

中野ブロードウェイが完成したのは、1966年（昭和41）。地下3階・地上10階建ての住居とオフィス・店舗の複合施設が前身である。完成当時はモダンで時代の最先端を行くビルとして注目され、住居部分には有名芸能人も住む、いわばセレブなビルだった。

その中野ブロードウェイのイメージをがらりと変えたのは、現在、中野ブロードウェイの人気店舗となっている「まんだらけ」がきっかけだといわれる。

1980年（昭和55）、当時まだ高級感が漂っていた中野ブロードウェイに、わずか2坪の漫画古書の店「まんだらけ」がオープン。その後、同じ中野ブロードウェイ内に、「マニア店」「スペシャル店」「変や」など、マニアックな商品を扱う専門店が出店しはじめた。

多くの人でにぎわう「中野ブロードウェイ」

それが漫画・アニメファンを集める起爆剤となり、人気を当てこんだ関連店がつぎつぎに増えて、いまやテナントの半分を占めるようになったのである。

それを可能にした理由のひとつに、中野ブロードウェイの「区分所有」がある。商店街が区画ごとに分譲されていたため、ビル全体を管理する大家的な存在がおらず、開店する店舗の業種などが規制されなかったのだ。

しかも、オーナーが切り売りや切り貸しを行なったため、小さな坪数で好きな店をオープンすることができたのである。

いまでは、中野ブロードウェイのおかげで駅前の中野サンモール商店街の集客数もおおいに増えたが、いっぽうで、中野ブロードウェイを訪れる人はお目当ての専門店以外にお金を落とさない……というジレンマに、地元の人は頭を悩ませているという。

お好みの場所でくつろげる「立川まんがぱーく」がスゴい！

立川駅南口を出て徒歩15分の場所にある「子ども未来センター」は、旧立川市庁舎を改修した建物だが、ここがいま近隣住民の人気スポットとなっている。お目当ては、未来センターの2階にある「立川まんがぱーく」だ。

立川まんがぱーくは、土地・建物は立川市の所有だが、運営は民間業者が行なっている。民間のノウハウとアイデアを活《い》かしながら、公共サービスを高めようという狙いだ。入場料は大人400円、子ども200円で、この入場料さえ払えば、営業時間内ならどれだけ長居をしてもよい。

最大の特徴は、通常の図書館やマンガ喫茶のように椅子に座るスタイルではなく、寝そべって好きな格好でマンガを読むことができる点。床は全面畳敷きで、木を基調とした本棚や家具が配置されている。また、押し入れのような個室風のスペースも設けられている。

運営会社によれば、立川まんがぱーくの室内イメージは「古き良き昭和時代の民家」だという。だから寝ころんでマンガを読んでもいいし、押し入れにこもってひとりで読書を楽しんでもいい。つまり、来場者が、何よりもくつろげる空間を目指した結果である。

利用者は平日でも100~150名、土日や祝日ともなると、300~500名にものぼる。小さな子どもはもちろん、家族連れやカップル、さらに年配者も多く訪れるという。

「マンガ」をテーマとした施設をつくったのは、立川が中央線の駅であることが関係している。中央線といえば、先に述べたとおり、マンガやアニメ、フィギュアなどサブカルチャーのさかんな土地柄である。そこで立川でも、こうしたサブカルチャーの一翼を担《にな》っていこうという意図があった。

立川まんがぱーくでは、商店街とのイベントを共同で開催するなど、立川の地域おこしにも積極的にかかわっている。

国産宇宙ロケット初飛行の地は、なんと「国分寺」！

国分寺駅から徒歩10分ほどの場所に早稲田実業学校がある。早稲田大学の創設メンバーが開校し、現在は小中高の一貫教育を行なっている。

その正門前広場には、なぜか「日本の宇宙開発発祥の地」という記念碑が立っている。この学校と宇宙開発に、いったいどんな関係があるのだろうか。

その理由は、現在の早稲田実業学校が立っている場所が、日本初のロケット発射実験が行なわれた地だからである。

1955年（昭和30）、当時、東京大学生産技術研究所に所属し、のちに「日本のロケット開発の父」と呼ばれる糸川英夫《いとかわひでお》が、国分寺本町1丁目の南部銃製造所で、ロケットを発射する実験を行なった。ロケットといえば、空高くそびえる大きなものをイメージするが、糸川のロケットは全長わずか23センチメートルとたいへん小さく、鉛筆にたとえて「ペンシルロケット」と呼ばれた。

それでも、日本のロケット開発はすべてここからスタートしたといっても過言ではない。

この歴史的な場所が、のちに新日本製鐵のグラウンドをへて、早稲田実業学校の敷地になったというわけだ。

記念碑は2006年（平成18）4月に完成した。碑の地下には、全国の小中学生から募集した50年後のロケット図案が漫画家の松本零士《まつもとれいじ》氏のデザインによるタイムカプセルに入れられて埋設されている。このタイムカプセルは、埋められてから50年後となる2056年に開封される予定である。

ロケットが発射された場所があるなら、当然、それをつくった場所もあるはずで、じつは、その場所も中央線沿線に存在している。

西荻窪駅の北口から15分ほど歩いた青梅街道沿いに、日産自動車の販売店があるが、この場所は太平洋戦争当時、戦闘機「隼《はやぶさ》」などの開発を行なっていた中島飛行機製作所の東京工場だ。

西荻窪駅の北にある「ロケット発祥の地」

初飛行に成功したロケットの模型が入った「ロケット発祥之地」碑

そして戦後、この工場を引き継いだ富士精密工業（現在の日産自動車）が糸川のペンシルロケットを手がけたのだ。それを示すかのように、日産自動車の販売店の敷地には、「ロケット発祥之地」の記念碑がある。

石碑の中央にガラス蓋《ぶた》のついたスペースがあり、そのなかにはペンシルロケットの実物大模型が入っている。

このように、中央線沿線には今日の日本の宇宙開発のルーツが見てとれるのだ。

幕末好き必見！日野は新撰組のふるさとだった！

新撰組ゆかりの道場といえば、市ケ谷にある試衛館《しえいかん》が有名だが、じつは日野にもゆかりの道場がある。

それは、日野駅の近くにある佐藤彦五郎《ひこごろう》の道場だ。彦五郎は、八王子同心の井上松五郎から天然理心流を紹介され、免許皆伝《かいでん》を得て自宅に道場を開いていた。

じつは、佐藤彦五郎は土方歳三《ひじかたとしぞう》の義兄に当たる。その縁もあって土方は彦五郎の道場によく出入りし、ここで天然理心流を学んでいた。

天然理心流は、剣術だけではなく柔、棒、気合など、さまざまな武道を取り入れた武術。創始者・近藤内蔵助の道場は、両国の薬研堀《やげんぼり》にあったが、近藤は道場で門弟を指導するだけでなく、各地に出向いてその技を教授した。近藤が出向いた土地のひとつが武蔵国だったため、このあたりでは天然理心流を学ぶ者が多かったのである。

彦五郎の道場には、のちの新撰組メンバーである近藤勇《いさみ》や沖田総司、山南敬助《やまなみけいすけ》らが訪れるようになり、ここで土方は、近藤たちに出会ったのではないかといわれている。

また、彦五郎に天然理心流を紹介した井上松五郎の弟・井上源三郎は、のちに新撰組六番隊隊長として活躍している。

そう考えれば、新撰組は、ここ日野駅周

市内の大昌寺には佐藤彦五郎の墓所がある

辺からはじまったといえなくもない。

２００４年（平成16）1月には、土蔵を改装した井上源三郎資料館がオープン。近藤勇が松五郎に送った名刀「大和守源秀国」や、土方や源三郎の書状など、たくさんの資料が展示されている。

さらに日野には、土方歳三の生家に伝わる遺品を展示する「土方歳三資料館」もある。

土方の生家は、幼いときに水害によって損壊してしまっており、厳密には生家というよりも「育った家」になるが、いまなお土方の兄の子孫が住んでおり、住居の一室が資料館になっている。

八王子駅近くにある「ランドセル地蔵」の由来とは？

八王子駅を降りて、陣馬街道沿いを歩いたところにある相即寺《そうそくじ》には、１５０体の地蔵が安置されている。

この地蔵は、豊臣秀吉の小田原征伐《せいばつ》のさい、北条氏側について戦い、八王子城で戦死した人々の霊を弔《とむら》うためのものだ。

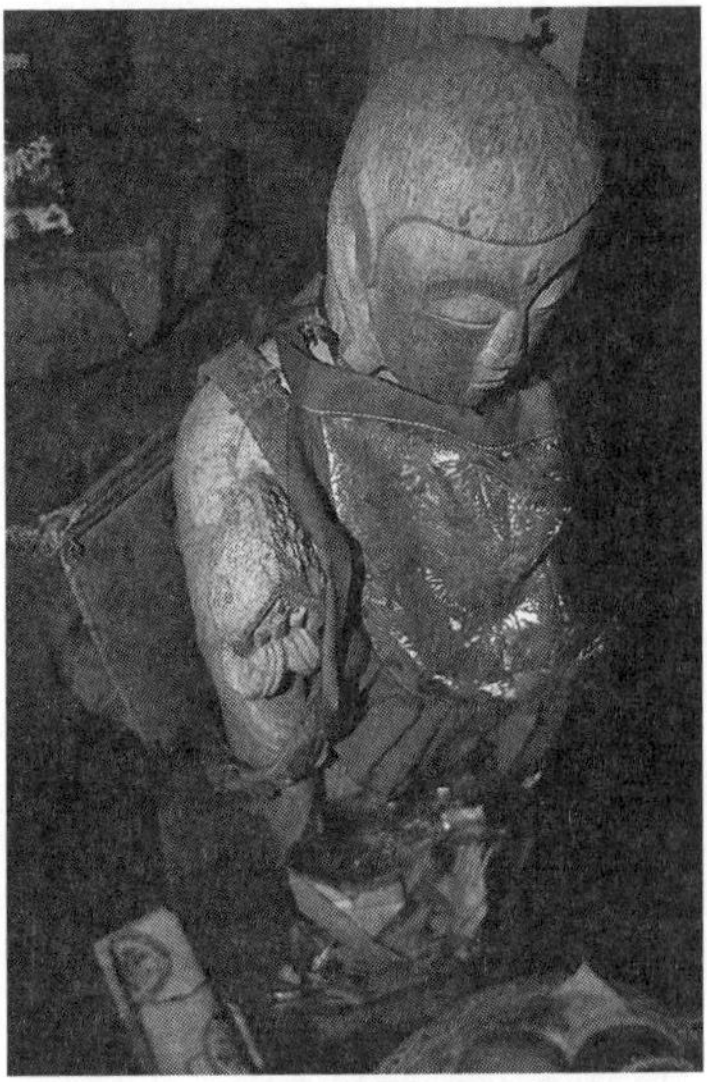

ランドセルを背負う地蔵（提供:毎日新聞社）

その１５０体の地蔵のうちのひとつが、なぜかランドセルを背負っている。小田原征伐の時代の戦死者を弔う地蔵とランドセルとは、なんともミスマッチな光景である。

この理由は太平洋戦争までさかのぼる。当時、八王子には多くの子どもたちが疎開していた。そのうちのひとり、品川区から疎開していた小学校4年生（当時）の少年が、１９４５年（昭和20）７月8日に、アメリカ軍の戦闘機の機銃掃射《そうしゃ》によって亡くなったのである。

知らせを聞いて駆《か》けつけた母親は、悲しみにくれるなか、相即寺で１５０体の地蔵のなかから、少年に似た丸顔の地蔵を見つけ、その地蔵に遺品のランドセルを背負わせたという。

当時のランドセルは、厚紙を革のように加工したものだったため、ランドセルの傷みは激しく、現在では右肩だけにかかっている状態だ。

しかし、「ランドセル地蔵」は大事に供養され続け、戦争の悲惨さをいまに伝え続けている。

このお地蔵さま、ふだんは見ることができないが、毎年6月23日と7月8日、8月8日の3日間だけ開帳されており、8月8日には亡くなった少年の慰霊祭も行なわれている。

「新宿にナイアガラの滝がある」って、どういうこと？

新宿駅西口にほど近い新宿中央公園に、「新宿ナイアガラの滝」「新宿白糸《しらいと》の滝」と呼ばれる滝があることをご存じだろうか。

新宿ナイアガラの滝は、アメリカとカナダの境界にある本家のナイアガラの滝のように横幅が広く、新宿白糸の滝は、静岡県富士宮《ふじのみや》市の本家同様、細長く糸のように流れている。

ただし、滝といっても人工滝。そもそも都心に壮大な滝をつくれるはずもなく、当然のことながら本家の規模にはまったく及ばない。

公園のシンボル的存在「新宿ナイアガラの滝」（提供:Opponent）

1960年ごろの新宿。下に淀橋浄水場が見える

では、なぜわざわざ都心のど真ん中に滝などをつくったのか。

その理由は、新宿駅西口が、水とは切っても切れない縁がある場所だからだ。新宿中央公園の周辺は、いまでこそ東京都庁をはじめとするビルが20以上も立ち並ぶ高層ビル群だが、かつて巨大な浄水場があり、水を満々とたたえた場所だったのである。

その浄水場は「淀橋浄水場」と呼ばれ、完成したのは1898年（明治31）のことである。

江戸中期からコレラが何度も流行したことから、明治時代初期に玉川上水や神田上水の水質検査が行なわれた結果、安全な水の供給のために、近代的な水道システムの導入が必須とされた。

そこで上水を沈澱《ちんでん》・ろ過し、ポンプ圧送と自然流下のいずれかを用いて供給する淀橋浄水場が完成したのである。

淀橋浄水場は、1965年（昭和40）まで使われたが、その後、東村山浄水場へとその機能を移し、役目を終えることになった。

跡地と周辺を含む96ヘクタールの区域は、新宿副都心として整備されることになり、1982年（昭和57）、豊富な水があった場所というイメージを活かし、「新宿ナイアガラの滝」と「新宿白糸の滝」が誕生したのである。

現在は高層ビル群が新宿副都心のシンボルになっているが、浄水場があった時代は蒸気ポンプの運転のための2本の高い煙突がそびえ、明治・大正の絵入り地図にも登場するシンボルだったという。

いまでは浄水場を想起させる面影《おもかげ》はないものの、たいそうな名前を持つ2つの滝だけが、その歴史を伝えている。

4

知るほどに興味がわいてくる!

路線の謎学

たとえば…
中央線の「快速」は
いったい何種類ある?

中央線の「快速」は、いったい何種類ある？

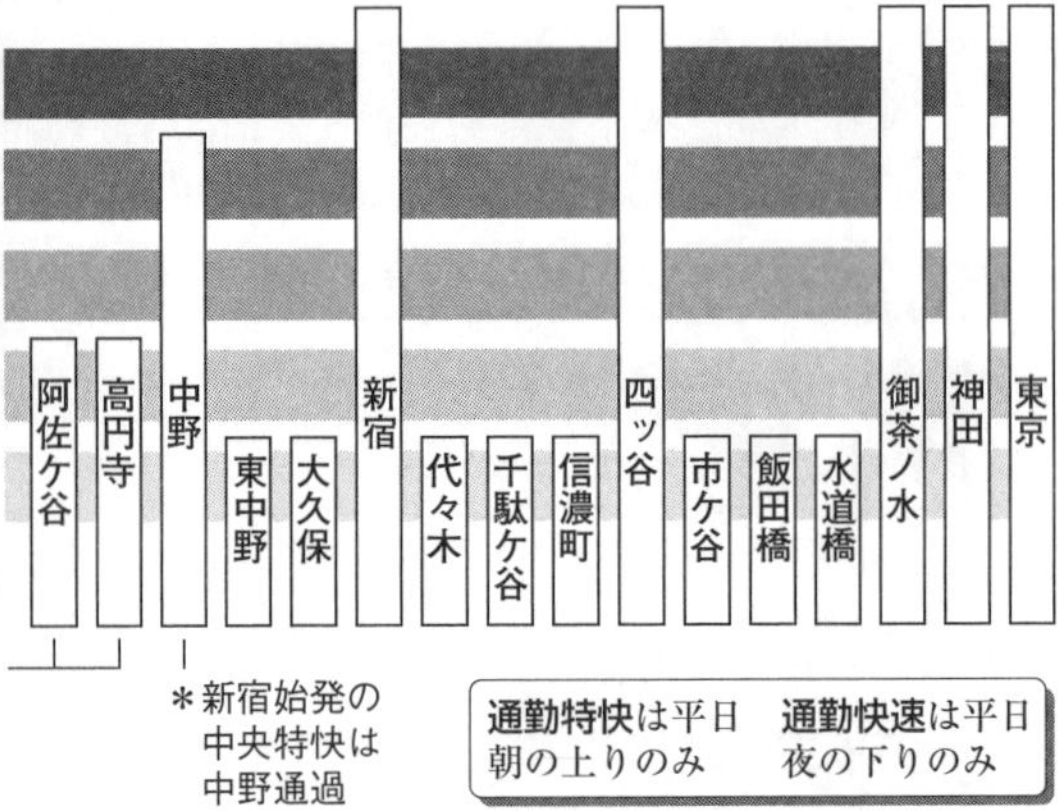

中央線は「夜間を除いてすべてが快速電車」という変わった路線である。京王電鉄と競合していることもあり、よりスピーディーにすることで、利便性を追求した結果である。

中央線の快速には5つの運行パターンがある。「快速」「中央特快」「青梅特快」「通勤快速」「通勤特快」だ。

しかし、同じ「中央特快」であっても、上りと下り、平日と休日では停車駅が変わるので、じっさいの運行パターンはさらに多くなる。乗り慣れていない人はもちろん、ふだんから利用している人も「ど

中央線快速の運行パターン

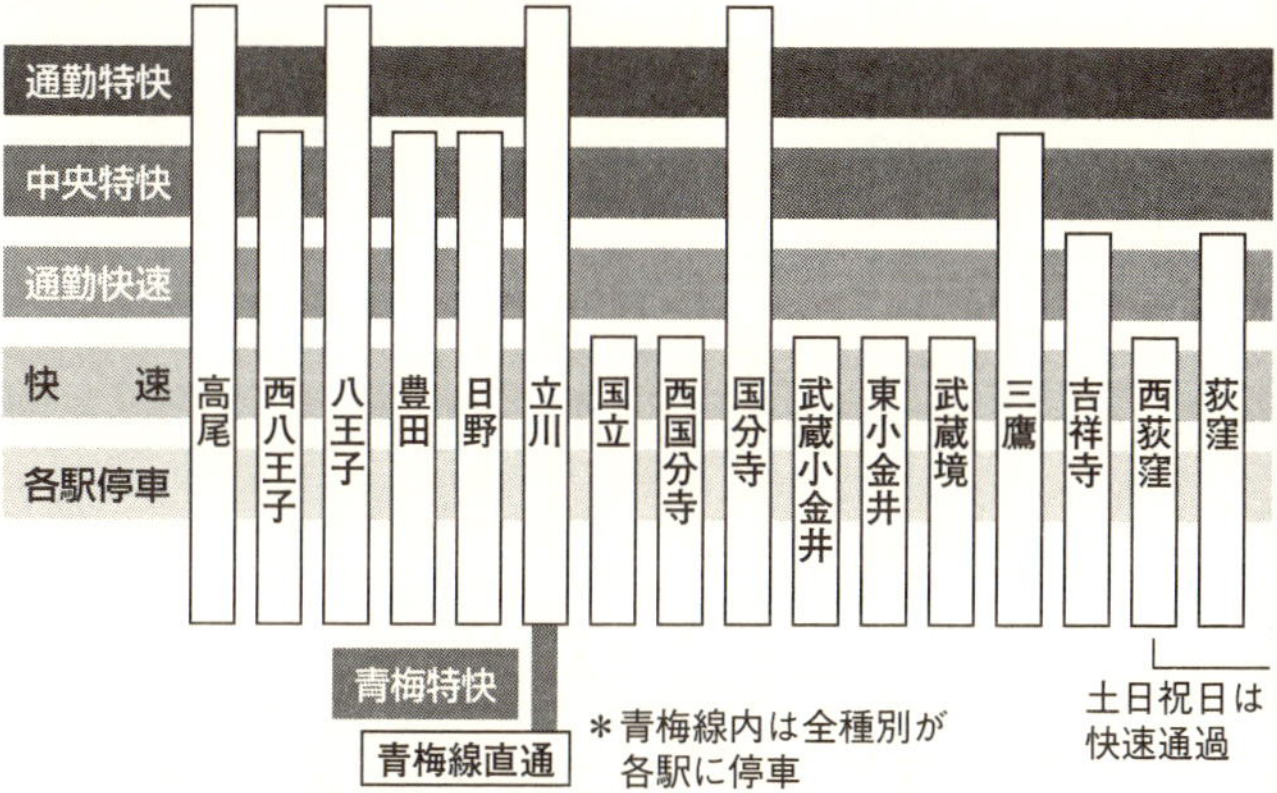

の列車がどの駅に停まるのか、ときどきわからなくなる」というから、ややこしいことこのうえない。

では、東京から高尾方面の列車に乗車したと仮定して、5つの運行パターンの基本を順に解説していこう。

まず、東京—中野間を快速運転する列車が「快速」と呼ばれる。ただし、土曜日と休日は30ページで触《ふ》れたように高円寺、阿佐ケ谷、西荻窪は通過となる。

快速より停車駅が少ない快速列車が「特別快速」と呼ばれる列車で、八王子・高尾方面に行く特別快速が「中央特快」、青梅線へ直通する特別快速が「青梅特快」である。この「特別快速」の停車駅に荻窪と吉祥寺の2駅を加えたのが「通勤快速」。「特快」という名前がついていないものの、特別快速の一種である。平日の夕方〜夜に下り（高尾方面）限定で走る。

そして、平日朝のラッシュ時には、高尾―新宿間で、八王子、立川、国分寺しか停車しない快速が運行されている。これが「通勤特快」である。ただし、この列車は下りはなく、上り（東京方面）のみの運行なのでご注意を。

一見、複雑な運行に見えるが、その時間帯や利用者の動向に、もっとも合わせたかたちでダイヤを組んだ結果である。中央線を上手に使いこなせば、移動時間の節約になり、とても便利になるわけだ。

とはいえ、ふだん利用している人にも「あわてて乗ったために、降りたい駅を素通りしてしまって、泣く泣く引き返した」という経験がある人が少なくない。中央線に乗るときは、停車駅を確認してから乗車するぐらいの余裕がほしいものだ。

中央線は、日本一遅い時間まで走っている路線！

仕事が終わって、ちょっと一杯。話がはずみ、お酒も進んで楽しい時間を過ごしていたが、気がついたら終電時間を過ぎていた！　こんな悲劇に見舞われたビジネスマンは多いだろう。

でも、中央線沿線に住んでいる人には「少々遅くまで飲んでいても、終電時間は気にならない」という人がいる。なぜなら中央線は、日本でもっとも終電が遅い路線のひとつだからだ。

中央線の高尾行き最終列車は、東京駅を24時20分（休日は24時19分）に出発し、新宿発が24時41分、終点の高尾に着くのは、なんと25時37分だ。武蔵小金井行きの終電は東京発24時27分、そして三鷹行きは24時35分まである。

さらに、高尾駅の始発列車の時間は4時28分。終着から始発までの間隔が2時間51分しかない。高尾駅はじつに稼働時間の長い駅である。

このように、中央線が夜遅くまで走っている影響なのか、中央線沿線の商店も、夜遅くまで営業しているところが多い。

居酒屋やバーなどは、25時過ぎまで営業している店が少なくないし、「こんな店がなぜ?!」と思えるような飲食店が深夜まで営業していたりする。

阿佐ケ谷には朝の5時まで営業しているそば屋があるし、「オリジン弁当」や、スーパーマーケット「グルメシティ西荻店」は、コンビニエンスストアでもないのに24時間営業である。

阿佐ケ谷駅前にある「書楽」

深夜の需要がさほど多いとは思えない本屋ですら、遅くまで営業している。阿佐ケ谷駅前の「書楽」は24時まで、同じく阿佐ケ谷の青梅街道沿いにある「書原」は24時30分まで……といった具合だ。

これなら遅く帰ったとしても、駅前で飲み直しできるのはもちろん、小腹《こばら》がすけば飲食店に立ち寄ることも、買い足しがあれば買い物することも十分できるというもの。中央線沿線は、電車だけでなく街全体が宵《よい》っ張《ぱ》りなのである。

豊田―八王子間の新駅は果たして実現する？

中央線で豊田駅から八王子駅へと向かう途中、進行方向左側の車窓に「西豊田駅早期実現を！」と書いた看板が目に入る。どうやら、豊田駅と八王子駅のあいだに新駅を設置してほしいと訴えているらしい。

たしかに、豊田駅から八王子駅までは4・3キロメートルの距離があり、周辺住民のなかには「どちらの駅にも、徒歩で行くには遠すぎる」という人が少なくない。それを考えれば、誘致活動の意義はありそうだ。

しかし、この看板は10年ほど前から存在しており、そもそも計画が進んでいるのかも疑問である。

そこで日野市都市計画課などに聞いてみたところ、誘致活動は現在も進行中だという。

誘致活動を行なっているのは、1997年（平成9）2月に設立された「西豊田駅誘致事業推進本部」で、周辺自治会の会長や事業主らによって構成されている。その本部長には日野市長が就いているというから、日野市も積極的にかかわっている誘致活動である。

ちなみにこの「西豊田駅」とは、新駅の候補名だそうだ。年に1回、本部会議を開くなどの活動を通して、数年に一度はＪＲに西豊田駅設置の要請を行なっているという。

「西豊田駅」建設予定地

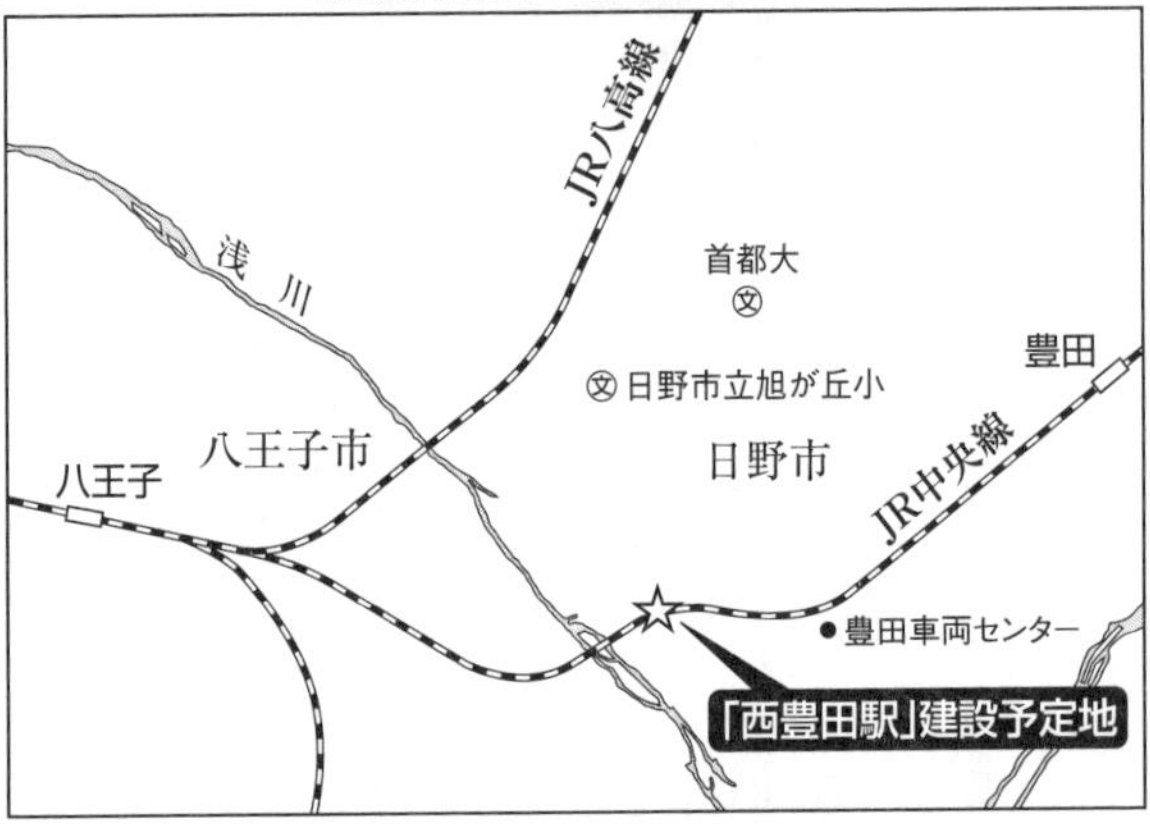

しかし、目途《めど》が立っていないのが現実だ。それというのも、西豊田駅は住民が設置を要望する「請願《せいがん》駅」であるため、JRが課した条件をクリアしなければならないからである。

その条件とはつぎの3つ。

①駅設置の費用は要請者が全額負担
②西豊田駅の経営に見通しがある
③技術的に施工《せこう》可能

①の費用については、30億円以上が必要だと見積もられており、負担はかなり大きい。

②の経営の見通しについては、日野市は西豊田駅予定地の南側に位置する西平山の宅地整備を1992年（平成4）から進めており、新興住宅地化や高層マン

ション誘致などを行なって、利用者増加を推進している。

しかし、開発が進んでいるのは全体の3割にすぎず、残りの7割はほとんどが田畑という状況だ。

③の技術面では、日野市は問題がないと判断しており、新駅のための用地もすでに確保済みである。

つまり、3つの条件のうち、現状でクリアしているのは3番めだけ。設置費用や設置後の経営面については、見通しが明るいとはいえないようだ。

沿線住民を悩ませた「開かずの踏切」が消えるまで

列車の往来が激しく、踏切の遮断機《しゃだんき》がなかなか上がらない「開《あ》かずの踏切」は、都市部を中心に数多く存在し、交通渋滞や踏切事故を引き起こす原因として、たびたび問題視されてきた。

対策としては、線路を高架にして踏切をなくすのが一番よい方法だが、多額の費用がかかる点がネックとなり、なかなか対策が進まなかった。国の支援があるとはいえ、鉄道会社の売り上げや沿線自治体の税収が落ちこむなかで、予算が計上できないでいたのだ。

中央線も、かつてはそんな路線のひとつで、交通量の多い道路と交差する箇所《かしょ》が多く、「開かずの踏切」が多い路線として知られていた。

たとえば、三鷹―国分寺間には13の踏切があったが、そのうちの半分以上が「開かずの踏切」だった。1時間のうち40分以上も遮断機が下りているところも多く、なかには、1時間のうち55分以上も遮断機が下りている踏切もあった。

これでは、列車の本数が増える通勤ラッシュの時間帯は、踏切を渡ることがほとんど不可能になり、たとえ渡ることができたとしても、つねに危険と隣り合わせということになる。

じっさいに、遮断機が上がっていざ渡ろうとしたかと思うと、すぐにまた遮断機が下りてしまい、歩みの遅い子どもや高齢者が立ち往生《おうじょう》してしまったり、無理に遮断機をかいくぐって渡ろうとするビジネスマンのために、列車が緊急停止するケースが多発していたのだ。

そんななか、三鷹―国分寺間の「開かずの踏切」は、2010年（平成22）11月に全区間の高架化を実現したことで、すべてが撤廃された。

また、同時期に国分寺―立川間にあった5つの踏切も高架化されたため、結果的に、三鷹―立川間にあった18すべての踏切が撤去された。

人身事故防止のために導入された「奇策」とは？

中央線が自殺の多い路線であることはすでに触れたが、その対策として、JRが導入した「あるアイデア」をご存じだろうか。

それは、ホームの端《はし》の照明を青色のLED照明に替えるというもの。中央線では、東京―高尾間の24駅に導入されている。

果たして、その効果はいかほどのものなのか。

東京大学大学院経済学研究科教授の澤田康幸氏らの研究によると、首都圏のある路線で青色LED照明設置前と設置後、青色LEDを設置している駅としていない駅などで比較した結果、青色LED照明設置により、自殺者が約84パーセントも減ることがわかったという。

生理学的には、青色を見ると副交感神経が活発になるため、血圧が下がり、脈拍が落ち着くという効果がある。

また、青色には気持ちを落ち着かせる鎮静《ちんせい》作用がある。これは、青色を見ることで脳の視床下部《ししょうかぶ》が刺激され、セロトニンという神経伝達物質が分泌《ぶんぴつ》されるためだ。セロトニンは、脳内ホルモンのひとつで、別名「癒《い》やしホルモン」とも呼ばれる。セロトニンが多く分泌されることで、人は心が満たされ、結果として、気持ちが落ち着くのだ。

これらのことから、「死にたい」という衝動に駆《か》られていても、その衝動が抑えられ、自殺者が減るのではないかと考えられるという。

なお、LED照明を使用しているのは、LED照明のほうがほかの照明よりも効果が高いからというわけではなく、あくまでもコストパフォーマンスの高さが理由である。

貨物線用の線路を走る珍しい旅客列車がある！

立川や八王子などの東京西部に住む人が、もし東北新幹線や北陸新幹線に乗るなら、じつに便利な列車がある。

それが、八王子と大宮を結んでいる「むさしの号」だ。この列車を利用すれば、わざわざ新宿や東京まで出るよりも短時間で、新幹線へ接続する大宮駅に向かうことができる。

この列車は、鉄道ファンのあいだでは〝レアな列車〟として有名である。

なにが〝レア〟なのか、中央線と武蔵野線の線路を走る「むさしの号」のルートをたどってみよう。

「むさしの号」は、中央線の八王子駅を出ると立川までノンストップで走り、その後、武蔵野線に入り、大宮へ向かっていく。

レアだとされるのは、中央線から武蔵野線へと入るさいに、両路線の乗り換え駅であるはずの西国分寺駅には向かわず、その少し手前から地下へ潜《もぐ》り、ふだんは貨物列車しか走らない貨物専用線を使うからだ。

さらに「むさしの号」は、北朝霞《きたあさか》駅を出るとふたたび「大宮支線」の地下トンネルを通って東北本線に入り、大宮駅へと達する。この大宮支線も旅客列車の走らない貨物専用線だ。

つまり、ふたつの貨物線ルートを通る列車ということで、かなり〝レア〟なのである。

また「むさしの号」は、平日は2・5往復、土曜・休日も3・5往復（八王子―大宮間）しか運行しておらず、しかも時刻表で見つけにくいのか、知名度もそれほ

西国分寺駅を経ずに武蔵野線に入る「むさしの号」

大宮―八王子間を乗り換えなしで利用できる「むさしの号」（提供:中山快速）

ど高くない。その意味でも、かなり〝レア〟な列車なのである。

なぜ、中央線だけが〝山手線の壁〟を突破できた？

首都圏の路線マップをながめると、おもしろいことに気づかされるだろう。東急電鉄や小田急電鉄、京王電鉄、東武鉄道、西武鉄道など、東京からは大手私鉄の路線が放射線状に延《の》びており、それぞれ首都圏の周辺地域と結んでいるが、なぜかこれらの路線は、まるで山手線が砦《とりで》となってブロックしているかのように、山手線の内側には入っていない。

だから、私鉄路線を利用する人は、山手線のターミナル駅で乗り換えるか、相互乗り入れをしている地下鉄路線を使うしかない。

そんななか唯一《ゆいいつ》、この〝砦〟を越えて路線を延ばしているのが中央線である。高尾から走ってきた電車は、新宿駅から山手線が描《えが》く円の内側へと入り、その円を真横に横断するかたちで東京駅へと延びている。

この「乗り換え不要で山手線内へ行ける」という利便性から、新宿以西の街の人気はひじょうに高い。

私鉄にとっては"高い壁"となっている山手線

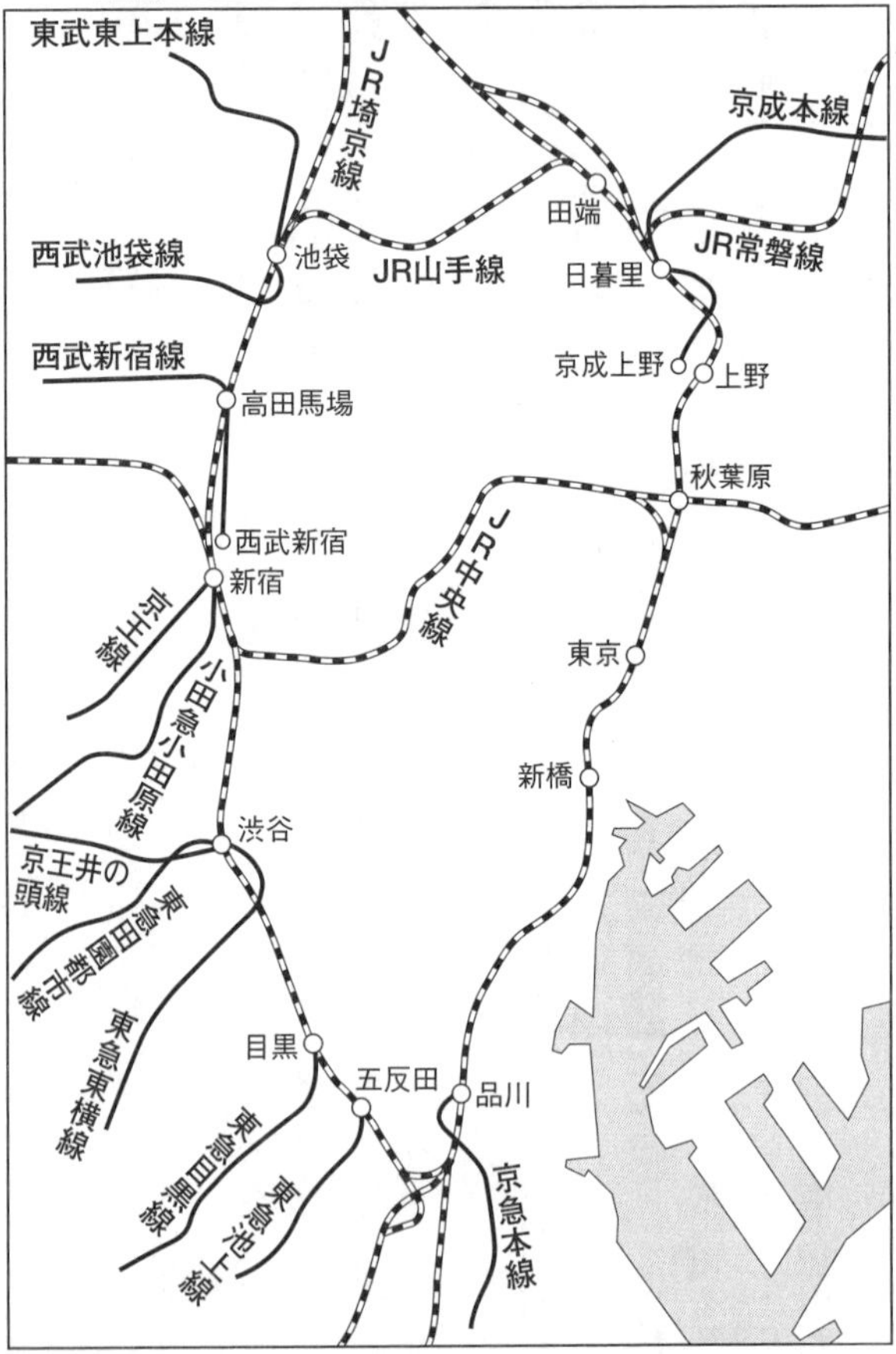

とくに東中野と中野は顕著《けんちょ》で、東中野駅では都営地下鉄大江戸線と乗り換えができること、中野駅は快速と各駅停車の両方が停まり、東京メトロ東西線の始発駅であることも人気を押し上げている。

これは家賃にも表れており、新宿以西の中央線の駅のなかでは、家賃が高い傾向にある。ワンルームタイプの相場を見ると、阿佐ケ谷や三鷹は約7万円、人気の吉祥寺や高円寺は約7・5万円だが、東中野と中野では8万円以上になる。

ふだん当たり前のように利用している路線だが、私鉄が乗り越えられなかった壁を破った唯一の路線であることを考えれば、人気の理由も納得できるというものだ。

かつて中央線は、山手線と一体になっていたって?!

東京の大動脈ともいえる山手線と中央線。このふたつの路線が、かつて「一体」だったことをご存じだろうか。

それは大正時代、東京につぎつぎと鉄道が敷《し》かれていたときのことである。山手線の前身である品川線は、1903年（明治36）に新橋から品川、新宿を経由して上野までの路線が開通、1909年（明治42）には電化された。さらに1914年（大

中央線と品川線による「の」の字運転（1919年当時）

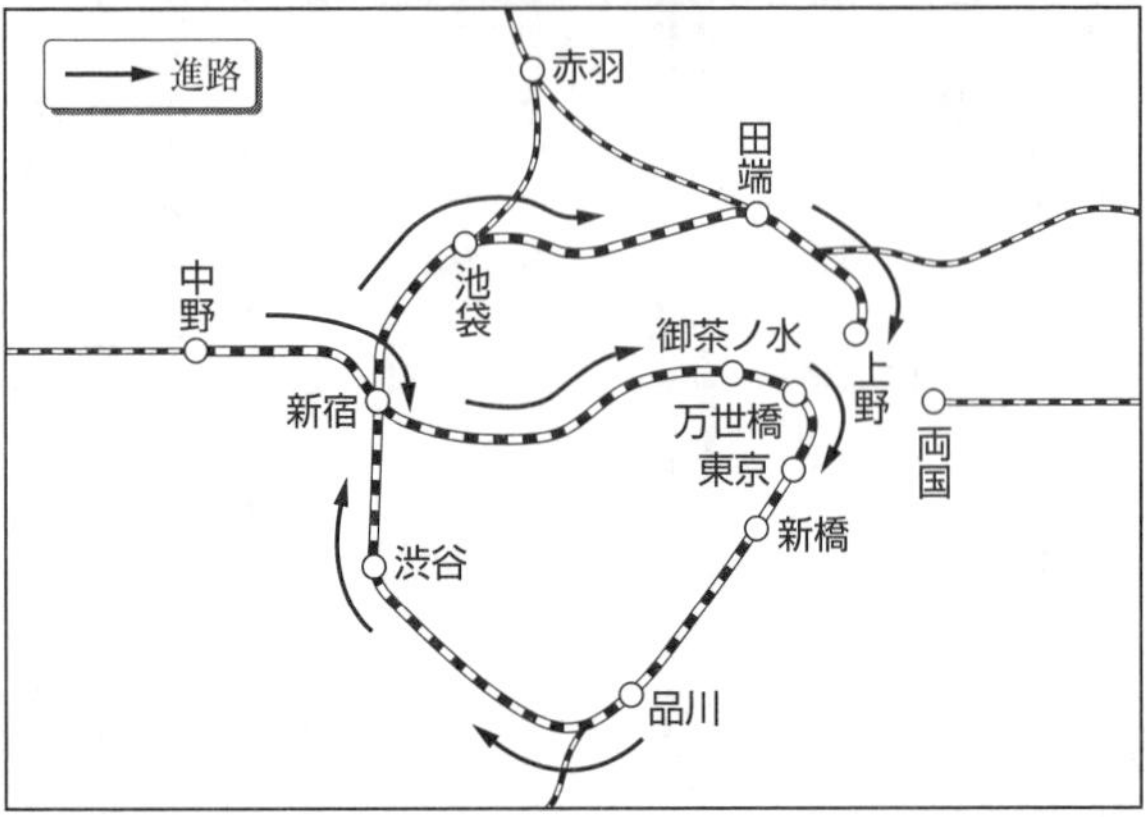

正3）、東京駅が開業すると、新橋から東京まで延伸された。

いっぽう、中央線は中野から新宿経由で御茶ノ水、万世橋（204ページ参照）と開通後、1919年（大正8）に万世橋から神田、東京へと延伸した。

東京駅には多くの路線が乗り入れることになったが、中央線は後発だったため、専用のホームを割り当ててもらえなかった。そこで、ホームの共用をしたのが品川線だった。というのも、中央線はすでに電化していたため、未電化の東海道線や横須賀線とはホームを共用することができなかったためだ。

品川線は当時、東京—上野間を開通させたいと考えていたが、その区間は市街地の中心地で用地買収がむずかしく、また地盤が悪いなどの悪条件で実現できていなかった。

そこで考え出されたのが、ホームを共用していた中央線と品川線の一体化だったのだ。これは「の」の字運転と呼ばれた。路線が「の」の字をしていたからである。そして、この「の」の字運転により、利便性が格段によくなり、乗客は大幅に増えた。

その後、1923年（大正12）に起こった関東大震災をきっかけに両者の路線は変わる。復旧作業とともに、品川線の東京―上野間の工事も行なわれたことから、品川線は環状線となり現在の山手線となった。これにともない、中央線は山手線と分離し、独立した一路線となったのである。

中央線の「起点」が東京から神田に移った事情とは？

東京駅のホームから線路に目をやれば、「0」を表した標識を見つけられるかもしれない。

これは「0《ゼロ》キロポスト（起点標）」と呼ばれ、路線の起点となる場所を表したもの。

大きな駅の線路脇やホーム上で見ることができる。

とくに0キロポストが多いのが、東京駅だ。東海道新幹線、東北新幹線、東海道本線、中央線（正式には中央本線）、東北本線、総武本線、京葉線の7つがある。

ところが、中央線1番ホームの線路脇にある0キロポストだけは、少し複雑な事情がある。というのも、現在、中央線の起点は東京駅ではなく、神田駅とされているからだ。

起点を神田駅としながら、0キロポストを東京駅に置くという矛盾は、どうして起こったのだろうか。

そもそも国鉄時代の中央線の起点は、正真正銘、東京駅だったが、国鉄分割民

東京駅1番線にある中央線（中央本線）の0キロポスト

営化により、東京―神田間が東北本線の乗り入れ区間に指定されることになった。そのため東京―神田間が「中央線」と「東北本線」の〝二重戸籍〟となったため、それを避けるという判断から、中央線の起点は東京から神田へと移されたのである。

とはいえ、これはあくまで便宜上の話。電車の運行上の起点が、東京駅であることは、いまも昔も変わっていない。

なぜ、四ッ谷駅はJRの上を地下鉄が走っている？

ＪＲ四ッ谷駅では、ある奇観を見ることができる。東京メトロ丸ノ内線の駅が、中央線のホームの上にあり、地上を走る中央線から地下鉄のホームを見上げるかたちになっているのである。

こんな「あべこべ」な構造になったのは、中央線のホームが地上よりもかなり低い場所にあることが一因。それもそのはずで、ホームが設置されているのは、驚くべきことに皇居の外濠《そとぼり》だった場所である。

四ッ谷駅が完成したのは１８９４年（明治27）のこと。駅はかつての江戸城の外側の堀である外濠を埋め立ててつくられた。外濠は１６３６年（寛永《かんえい》13）に完成して以来、底の土砂や岩石をほとんど取り除いていなかったので、ヘドロが5メートルもたまっており、ホームの建設や線路を敷くのは大工事だったという。

そして、1959年（昭和34）には、丸ノ内線の四ッ谷駅が開業するわけだが、中央線の四ッ谷駅の下を掘って駅をつくるより、高架にしたほうがコストが抑えられたことから、地下鉄の駅が地上を走る路線の駅をまたぐという、じつに奇妙な構造になったというわけである。

その工事もまた大変だったようだ。中央線の運行を止めずに作業をしなければならないため、通過の合間を利用しながら、基礎杭《くい》1600本を打ち込んだ。しかも、国鉄の敷地では勝手に工事ができ

丸ノ内線開業当時の四ッ谷駅（提供:毎日新聞社）

ないため、中央線を丸ノ内線が横断する258メートルの区間の土木工事は、営団地下鉄（現：東京メトロ）から委託《いたく》を受けるというかたちで国鉄が実施したという。四ッ谷駅の不思議な光景は、国鉄と地下鉄の共同作業によって完成したものだったのである。

中央線は、富士山からの「龍脈」に沿ってつくられた?!

中央線の都市伝説として、まことしやかに流布《るふ》されている話がある。それは「中央線が風水の考え方を意図的に汲《く》んで敷かれた」というものだ。

風水では、はるか昔から山脈から自然の生気が流れてくる「龍脈《りゅうみゃく》」という考え方がある。事実、日本の都づくりの計画では古来、この風水の考えを取り入れてきた。なかでもとくに有名なのが、京都の平安京や江戸城築城である。江戸では、徳川将軍三代にわたって、川の流れを無理に変えてまでも、「気」が集まるようにしたといわれている。

この風水の考え方が、中央線の路線に見られるというからおもしろい。この場合、龍脈となる生気は、富士山からとも高尾山からともいわれ、中央（首都）に生気を運ぶために、鉄道が使われているという。

もしこの説が本当なら、東京が日本の中心であり続け、世界有数の都市へと発展したのも、風水のなせる業《わざ》ということになる。

さらに、山手線と中央線は、陰陽《いんよう》説における太極図を描《えが》いているという話まである。中央線が新宿を越えたあと、東京駅に向かって蛇行《だこう》しているのは、意図的に太極図を描くためだったというのが、その理由だ。たしかに地図を見れば、新宿と東京を直線で結べばよいものを、不用意に蛇行させていると見えなくもない。

ただ近年は、中央線は吉から凶に転じたのではないかともいわれている。富士山や高尾山からの生気を運ぶ龍脈が、西新宿の高層ビル化で阻害《そがい》され、さらに都庁の移転で途切れてしまったというのだ。

現在の都庁舎が完成したのは、1990年（平成2）12月のこと。業務開始は翌年4月からである。日本のバブル期が1986年（昭和61）から1991年（平成3）までだったことを考えると、たしかに現庁舎の完成〜業務開始と時を同じくして、バブルは崩壊し、日本経済は長い不況へ突入したと考えられる。龍脈の阻害が一因といえなくもない。

とはいえ、あくまで都市伝説である……。

5

乗客も知らないドラマがいっぱい!

歴史の謎学

たとえば…
「女性専用車両」は中央線が
元祖だってご存じ?

惜しまれつつ引退した「201系」は何が凄かった？

2010年（平成22）10月、惜しまれつつ中央線から引退したのが「201系」である。

1979年（昭和54）から中央快速線に投入され、オレンジのボディカラーをまとった車両は、約30年間、中央線の〝顔〟だったといっていい。

この201系は、当時の最先端技術が導入され、現在の省エネ電車の先駆《さきが》けになった車両だ。その最先端技術とは、「チョッパ制御」と「回生《かいせい》ブレーキ」である。

チョッパ制御とは、目に見えないほどの速さで半導体がオン・オフをくり返すことによって、加速や減速を行なう技術。それまでの抵抗器を使った加速・減速システムより、電力の消費が格段に少なくなるというメリットがあった。

もうひとつの回生ブレーキとは、電気の有効活用である。ブレーキをかけるとき発生する電力は、それまで熱として捨てるしかなかったが、その余った電力を架線にふたたび戻して、別の電車の動力として使うという技術だ。

このふたつの技術は省エネにひじょうに有効だったため、201系が登場したこ

101系（モハ90系）と並ぶ201系電車

2010年10月に行なわれた「201系さよなら運転」の様子

ろは、「省エネ２０１」と書かれたヘッドマークをつけて、利用客におおいにアピールした。

こうして輝かしく登場した２０１系だったが、年月をへるとともに老朽化が進んだこと、そして、省エネがさらに進んだＥ２３３系の登場により、お役御免《ごめん》となったのである。

現行車両「E233系」に秘められた心づかいとは？

そもそも鉄道は、安全に早く乗客を目的地に運ぶのが使命だが、最近はそれに加えて、こまやかな気配りを施《ほどこ》した車両も増えている。

２００６年（平成18）12月に、２０１系の後継車両として中央線へ初登場を果たし、現在ではおなじみとなった「Ｅ２３３系」もそのひとつ。この車両は、時速１２０キロメートルの最高速度を出すことができるすぐれたスピード性能に加え、〝人にやさしい車両〟でもある。

まず目を引くのが、一般車両ではじめて空気清浄機を設置したことだ。混み合った車内では、どうしても空気がよどみがちになるもの。それを、空気清浄機がリフレッシュしてくれる。また、握り棒も、人がつかまりやすいように、あえて湾曲《わんきょく》したかたちを採用している。

さらに、優先席付近の内装材をクリーム色に、つり革や手すりを黄色くするなど、優先席がひと目でわかるような工夫もしてある。

こまやかな気配りは、まだある。優先席の荷棚とつり革は、ほかの座席の荷棚とつり革より5センチ低くしてあり、お年寄りや体の不自由な人が利用しやすいように工夫されている。女性専用車両の荷棚やつり革も同様に低く設計されており、女性にとっても使いやすい。

まさに、日本人のこまやかさが象徴されているかのような車両といえるだろう。

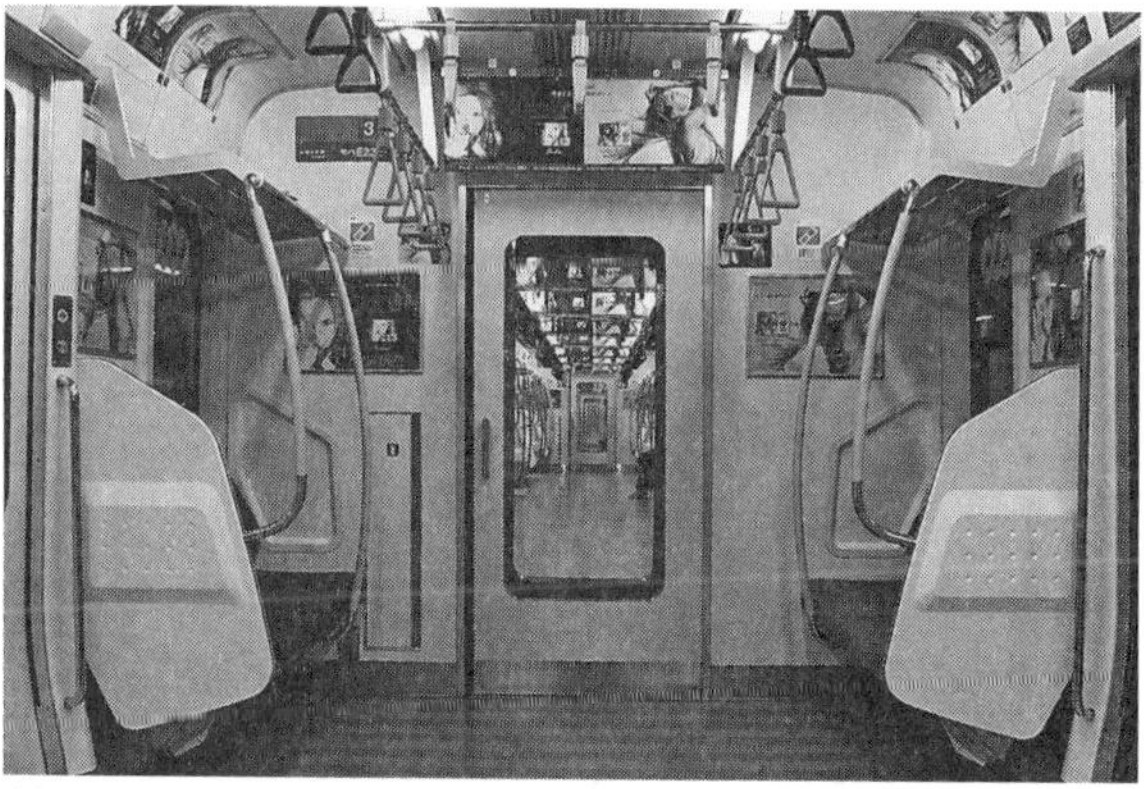

使いやすく設計されたE233系の優先席（提供:Lover of Romance）

現在では、中央線だけでなく、京浜東北線、東海道線、埼京線など首都圏のＪＲ路線のほとんどに、この車両が導入されている。Ｅ２３３系もまた、２０１系のように、長く人々の記憶に残る車両になることはまちがいない。

こんど中央線に乗車するさいは、ぜひ〝人にやさしい〟Ｅ２３３系の設備をチェックしてみてはいかがだろうか。

日本初の営業電車運転が行われたのは中央線！

日本で最初に走った鉄道車両は、もちろん汽車である。汽笛を鳴らして東海道本線の新橋から横浜へと走った。１８７２年（明治5）、こうして日本の鉄道史の幕が開いた。

その後、日本の鉄道網が発達し、運転される汽車の数が増えてくると、さまざまな問題が起きはじめる。ひっきりなしに鳴る汽笛と、もくもくと立ちこめる蒸気の煙が原因だった。騒音と煙害《えんがい》が問題となり、周辺住民から苦情が絶えないという状況に陥《おちい》ったのだ。

しかも汽車は、駅間の短い路線を運転するのも、輸送力増強にも不向きだった。

こうした状況を受け、日本の鉄道は電化へと動き出したのである。

日本で最初に電車が運転されたのは、1890年（明治23）。東京の上野公園で開催された第3回内国勧業博覧会《ないこくかんぎょうはくらんかい》の会場でのデモンストレーションだった。

そして、14年後の1904年（明治37）8月21日には、日本初の電化区間が設置され、営業運転がはじまっている。

その日本初の電化区間というのが、中央線（当時は甲武《こうぶ》鉄道）の飯田町―中野間だった。路面電車を除けば、これが日本初の営業電車運転となり、同年12月には御茶ノ水まで電化路線が延びている。

その後は、阪神電気鉄道や京浜電気鉄道（京浜急行電鉄の前身）など私鉄を中心に、つぎつぎと電化運転がなされていった。

いっぽう、日本で最初に汽車が走った東海道本線が電化されたのは、中央線の電化運転がはじまってから10年後の1914年（大正3）12月のこと。東京―高島町（横浜）間だった。

東海道本線の電化が遅れたのは、甲武鉄道が私鉄だったのにたいし、東海道本線が国による官設鉄道（官鉄）だったからといわれている。当時の官鉄は、電化にたいして消極的だったのだ。

「女性専用車両」は中央線が元祖だってご存じ？

女性への迷惑行為を防ぐ目的として女性専用車が登場したのは、２００１年（平成13）のこと。京王電鉄が導入した試《こころ》みは歓迎され、いまでは多くの路線で女性専用車が走っている。

しかし、女性専用車導入の元祖が中央線であったことはあまり知られていない。中央線が女性専用車を導入したのは、なんと明治時代のこと。１９１２年（明治45）１月から、朝８時30分ごろと15時30分ごろの数本の列車で運行されていた。

この車両は通勤客というよりも、通学する女子学生を守るためのもので、それは午後の女性専用車の運行が、学生が多く帰宅する15時30分ごろだったことからもわかる。

そのきっかけは、現代と同じく、迷惑行為が頻発《ひんぱつ》していたからだった。じっさい、当時の新聞には「不良学生が、女子学生の通学時間を狙って車内に乗りこむことを楽しみにしている風潮がある」と書かれている。

当時の列車は各車両をつなぐ扉が開かず、車両ごとに独立した空間になっていた。

そのため、迷惑行為の被害にあっても、隣の車両に逃げこむということができなかったのだ。

一説によると、鉄道当局が女性専用車の導入に踏み切ったのは、日露戦争の英雄として知られる乃木希典《のぎまれすけ》大将の要請があったからだとされる。このころ乃木大将は、学習院の院長を務めており、学習院に通う女子学生から、車内での迷惑行為を聞き及び、鉄道当局に対策を要求したというのだ。

女子学生から歓迎された女性専用車だったが、一度、廃止されている。車内が混み合う時間帯に、こうした車両を設けると輸送効率が悪くなり、ほかの乗客に迷惑がかかるという理由からだ。

それでも、1947年（昭和22）に、婦人子供専用車が中央線に復活する。その後、高度経済成長により東京は人口過密状態になり、通学・通勤のラッシュ時の乗車率が300パーセントを超えることも珍しくなくなっていった。

そんなラッシュから女性や子どもを守った女性子供専用車両は、1973年（昭和48）まで存続していた。

現在の中央線では、平日朝の7時30分から9時30分の時間帯に新宿駅を発着する東京方面への快速と通勤特快の先頭車両を女性専用車としている。

長いあいだ、立川駅に1番線がなかった理由

２００７年（平成19）９月30日、立川駅の１番線ホームに、「１番線、ドアが閉まります。ご注意ください」のアナウンスが響いた。

このアナウンスを、多くの鉄道ファンが、さまざまな感慨《かんがい》をこめて聞いたにちがいない。

なぜなら、25年間にわたって、立川駅には１番線ホームがなかったからだ。１９８２年（昭和57）から、立川駅には２番～９番線ホームしかなく、鉄道ファンのあいだでは「幻のホーム」「立川駅の謎」として知られていたのである。

１番線ホームが幻となったのは、１９８２年に、橋上駅舎への改装と駅ビル「ＷＩＬＬ」の開業にともなって撤去されたためである。

本来ならば、これを機に２番線を１番線に変更するなど、ホームの番号を変えればよかったのだが、いざ変更するとなると、その影響はホームだけにとどまらない。掲示板表示や車内放送など、さまざまな方面にも変更が必要で、莫大《ばくだい》な経費がかかることが予想された。

そして、当時の国鉄は赤字を抱えていたため、経費節約のために変更を行なわなかったのである。

幸いにも1番線は、青梅線の降車専用ホームだったため、利用客がとまどうこともなかった。こうして不自由することなく、1番線不在のままで25年間もきたというわけだ。

2007年の1番線復活は、駅ナカ商業施設「エキュート立川」の開業と、それにともなう駅改良工事に合わせて実施された。

それまでの2～9番線が1～8番線に変更され、かつての幻の1番線は、2番線とともに青梅線のホームとして、新たなスタートを切ったのである。

現在の立川駅1番線にある案内表示板

住民の夢と消えた幻の「馬橋駅」とは?

中央線には、一度は正式に駅を設置すると決定されたものの、土壇場《どたんば》になって幻になってしまった駅がある。それが「馬橋《まばし》駅」だ。

1919年(大正8)当時、中央線は吉祥寺まで電化され、沿線の人口も増えたために運行本数を増やしてきた。このころから鉄道はひじょうに便利な交通機関として、人々にとって身近な足になった。

しかし、現在の杉並区にあたる一帯では、駅といえば荻窪駅しかなかったため、中央線を利用する場合、何十分も歩いて荻窪か中野まで行かなければならなかった。そこで持ち上がったのが、新しい駅の設置である。

さっそく立候補したのが、中野と荻窪のあいだにあった阿佐谷村と馬橋村で、当初、新駅設置場所として有力視されていたのは馬橋村だった。というのも、地理的に見たとき、馬橋村はちょうど中野と荻窪の中間地点だったからである。

馬橋駅の誘致を進めていた人々は、そうした事前情報を鉄道省(現:国土交通省)の役人から聞き、ほぼ誘致に成功したと喜んだという。

さらに、「せっかく新しい駅ができるならば」と、利便性をさらによくしようと、周辺地域に新たな道路（現在の馬橋通り）までつくった。この道路があれば、周辺を通っている五日市《いつかいち》街道、青梅街道、大場通り（現在の早稲田通り）からも駅に来るのが便利になると考えたからだ。

そして、1920年（大正9）に、馬橋駅の設置が正式に決定される。あとは、必要な書類を提出すれば、新しい駅が馬橋村にできるというところまでこぎつけていた。

ところがである。駅を設置するための用地を提供するように求められた村民が、「鉄道を利用するのは金持ちだけで、私たちにはなんのメリットもない」と用地提供に反対したのだ。

誘致派の人々は何度も説得を試みたが、結局、反対派が首をたてに振らないまま、必要書類の提出期限が切れてしまったのである。

こうして幻となった馬橋駅の代わりに駅となったのが、阿佐ケ谷と高円寺だ。現在、このふたつの駅の界隈《かいわい》がにぎわっているのはご承知のとおり。もし、当初の計画どおりに馬橋駅ができていたなら、現在の様子はもう少しちがったものになっていたかもしれない。

“幻の駅”となった馬橋駅

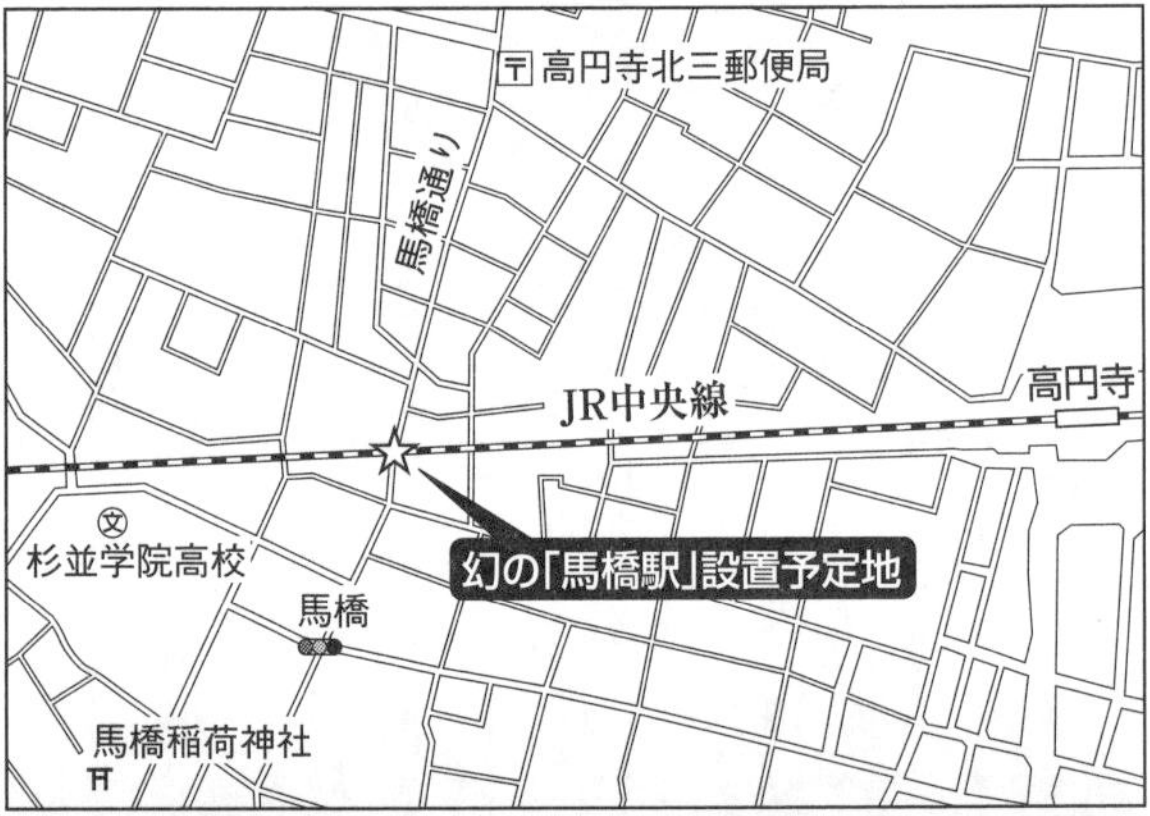

馬橋通り沿いには、かつての地名が刻まれた石柱がある

その後、馬橋の名は地名からも消えている。1962年（昭和37）に住居表示法が公布されたさい、住民の希望によって馬橋という地名は使われなくなった。かつて「馬橋」と呼ばれていた場所は、現在、「高円寺南」と「阿佐谷南」というふたつの住所になっている。

高尾と西八王子の間にあった「特別な駅」とは？

かつて、高尾駅と西八王子駅のあいだにひとつの駅が存在したことがある。それが「東浅川駅《ひがしあさかわ》」だ。

この東浅川駅は、ふつうの駅とは異なる特別な役目のためにつくられた。それは、大正天皇のご遺体を迎えるという役割である。

明治以降、人口増加と都市化が急速に進んだため、東京市内の公営墓地にはスペースがなくなり、多磨村《たま》（現：府中市）、小金井村（現：小金井市）などの郊外に公園墓地が造営されるようになる。そして、天皇陵《りょう》でさえも、そうした時代の流れにはさからえず、大正天皇の陵墓は多摩御陵につくられることになった。

そのため、ご遺体を列車で運ぶことになり、仮の停車場として1927年（昭和

戦前の東浅川駅

現在の東浅川駅跡地は、駐車場になっている

2）、東浅川駅が建設された。当時、「浅川」と呼ばれていた高尾駅の東側につくられたことから、こう名付けられたのである。

仮の駅とはいえ、天皇のご遺体を迎えるための駅。豪奢《ごうしゃ》な神殿風の駅舎が建てられ、荘厳《そうごん》なたたずまいを見せていたという。

東浅川駅は、大正天皇の大喪《たいそう》のあと、すぐに廃駅となる予定だったが、その後も皇族が多摩御陵への参拝に訪れたため、お召し列車専用駅として存続していた。

廃駅となったのは、1960年（昭和35）のこと。モータリゼーションの到来により、参拝に訪れる皇族もお召し列車ではなく、自動車を使うことが多くなったからである。

廃駅となった東浅川駅の駅舎はその後、八王子市に下賜《かし》されて公民館（陵南会館と命名された）として残されることになった。

ところが、1990年（平成2）、日本の過激派が公民館を爆破するテロ事件を起こしたために、荘厳な駅舎は焼失してしまった。現在は、教育施設の駐車場として利用されている。

信濃町駅の南に引かれていた軍用路線の謎

信濃町駅の南側には、2014年（平成26）に閉場した国立競技場をはじめ、明治神宮野球場、秩父宮ラグビー場などのスポーツ施設や明治記念館などがある。多くの施設が集中して建設できるだけの広大な敷地を確保できたのは、もともとここが、青山練兵場《れんぺいじょう》だったからだ。

日清戦争の勃発《ぼっぱつ》直前になると、青山練兵場には、全国から兵士が続々と集結してくることになった。

そこで問題になったのが、「大量の兵士をどうやって練兵場まで運べばいいか」という点である。当時、代々木駅や千駄ケ谷駅はまだ開業しておらず、軍としては、早急に新宿駅から青山練兵場までの鉄道をつくりたいと考えていた。

そこで白羽の矢が立ったのが、中央線の前身である甲武鉄道だった。新宿から青山練兵場までの6・4キロメートルの引き込み線と軍用停車場の建設が委託されたのである。しかも、完成までに与えられた猶予《ゆうよ》は、わずか1か月半だった。

委託された甲武鉄道は、社をあげてこの工事に取り組み、連日徹夜で工事を行なった。そして、1894年（明治27）9月23日、青山軍用停車場は開設されたのである。工事が完了したその6日後には、もう兵士輸送がはじまるというあわただしさだった。

甲武鉄道がやっとの思いで完成させた引き込み線と停車場だったが、日清戦争が終わった翌年の1896年（明治29）9月25日には廃止されてしまう。計画開始からわずか2年間だけというその役目……。時代に翻弄《ほんろう》された路線だったといえる。

国立駅に存在していた「通行証」の目的とは？

一般には通れない場所を、なにか特別な理由で通りたいというとき、「通行証」なる証明書が発行されることがある。たとえば、車両通行禁止の場所であっても、付近の住民だけには、特別に車両通行証が発行されたりするような場合だ。

ところが、誰でも立ち入れるはずの鉄道駅で、かつて「通行証」が発行されていたことがある。

その駅は「国立駅」。かつての国立駅は、街の南北を分断するかたちで建てられていた。駅の南側に住む住民が北側に行くときは大回りをして、東側のガード下か、西側の踏切を通らなければならなかったのだ。もちろん、北側の住民が南側に行く場合も同様である。

これでは住民にとって面倒このうえない。おまけに東側のガード下の道は細く、通行に不自由があった。

そこで国立市は、「改札のなかを通り抜けできないものか」とＪＲに要請する。それに応えるかたちで、ＪＲは通行証のシステムを導入したのだ。

２００８年（平成20）、南北を行き来したい住民に限って、駅の入り口側の窓口でＡ４サイズの通行証を受け取り、出口側の窓口で返却することで通り抜けができるようになった。

ところが、じっさいにこのシステムがはじまると、通行証の紛失が多発。返却が面倒だからと、持ち帰ってしまう人がたくさんいたようだ。また、通行証で列車に乗れると思いこんだ人もいたようで、マナー遵守《じゅんしゅ》の呼びかけに躍起《やっき》にならざるをえなかった。

そんな通行証も、現在は姿を消している。２０１１年（平成23）に南北自由通路（当時は仮通路）が駅舎内につくられたことにより、通行証なしで南北を行き来できるようになったからだ。

現在では、南北の改札口も廃止され、中央改札に統合されている。

JRの安全対策を変えた東中野駅での大事故とは？

東中野駅は、新宿に近いこともあり、学生やビジネスマンが多く住むエリアのひとつである。いかにも閑静《かんせい》な住宅地にある一般的な駅であるが、この駅には、忘れられない、いや忘れてはならない過去がある。

それは、駅構内で起こった死傷事故である。1988年（昭和63）12月5日、東中野駅ホームに停車していた列車に後続列車が追突。この事故により、運転士1名と乗客1名が亡くなり、多くの負傷者も出した。これは、1987年（昭和62）4月の国鉄分割民営化後、JRにおけるはじめての乗客死傷事故となった。

事故後の調査でわかったことは、ダイヤの遅れを少しでも取り戻したい後続列車が、ATS（自動列車停止装置）が作動したにもかかわらず、駅へと進入したのが原因だった。

ここでひとつ疑問なのが、ATSが作動したにもかかわらず、なぜ自動で止まらなかったのか、ということだ。

当時のATSは、地上子《ちじょうし》（情報を送受信するために、地上に設置された装置）から情報を取得し、走行スピードが超過していると判断した場合は警告音を鳴らすというもの。警告音が鳴って5秒間たっても減速されないと、非常ブレーキがかかるシステムだった。

ところが、警告音が鳴っても、運転士がすぐに確認ボタンを押せば、以後は作動させなくすることができた。つまり、警告はしたけれど、運転士が「止まらなくて

衝突事故は駅手前にある見通しの悪いカーブも一因とされた

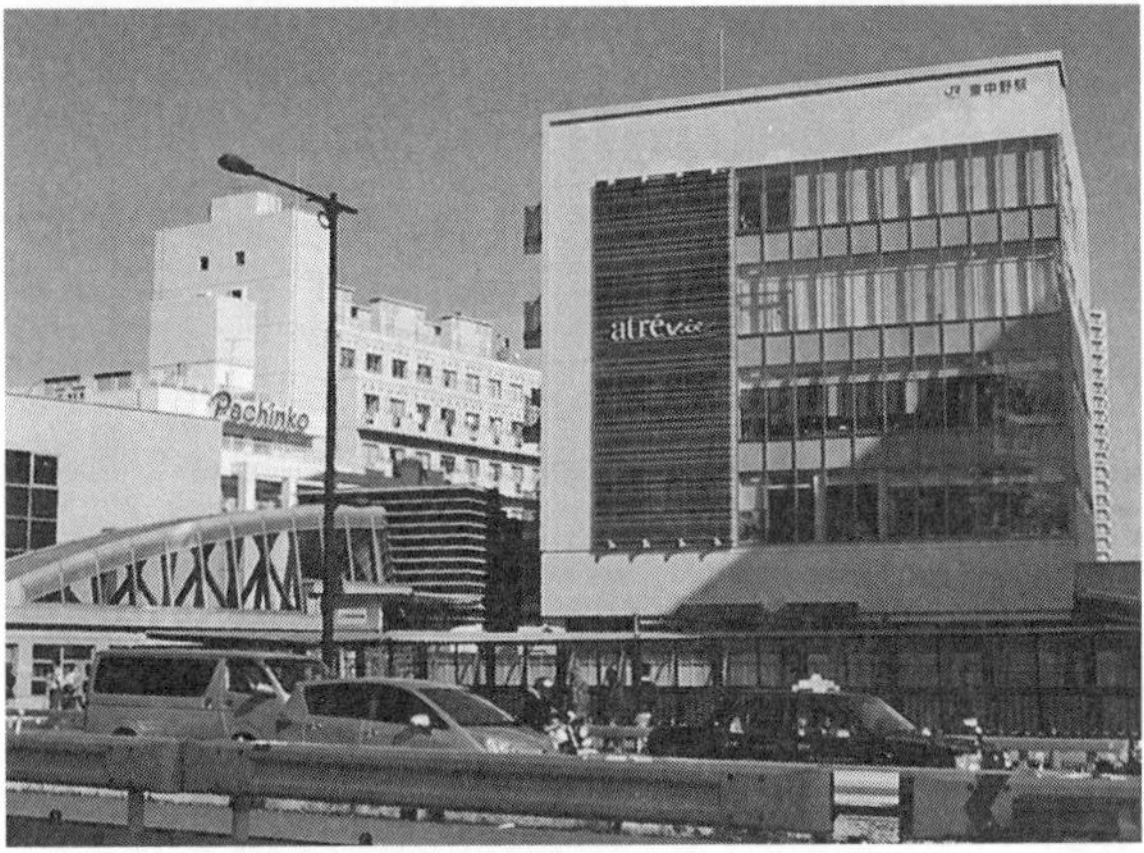

駅周辺の整備が進む現在の東中野駅

も大丈夫」と判断すれば、その先は運転士に任すというしくみだったのである。

しかし、東中野駅での衝突事故を教訓に、このようなしくみでは効果は低いとして、ATSの改良型であるATS-Pが本格的に導入された。

ATS-Pでは、地上子と車上子（車両に設置された送受信装置）のあいだで双方向の通信ができる。列車がブレーキをかけても追突せずに止まることができる速度を計算し、自動的に速度制限を行なえるようになっている。もし、適正速度を超えて走行していれば、運転士の判断によらず、強制的に非常ブレーキがかかるしくみである。

このシステムの導入により、安全性はそれまでよりも高まった。東中野で起きた悲しい事故が、そのきっかけとなったのである。

西荻窪駅周辺が、きれいに区画整理されているわけ

荻窪と吉祥寺のあいだにある西荻窪駅は、北は青梅街道、南は五日市街道と井の頭通りへつながっている。

駅前には商店街や住宅地が広がっているが、地図を見てみると、このあたりは、

碁盤《ごばん》の目のように整然と道が敷《し》かれていることがわかる。

なぜ、このようにきっちりとした区画整理がされているのだろう。荻窪駅周辺の地図と見くらべてみると、そのちがいは一目瞭然《いちもくりょうぜん》。大きな通りをつなぐ交通の要所であるということと、なにか関係があるのだろうか。

じつは、西荻窪がこのように区画整理されているのは、その立地とは関係なく、強力なリーダーシップを持つ首長に恵まれたことにほかならない。

その人物とは、内田秀五郎《ひでごろう》である。内田は、大正から昭和にかけて、このあたりが井荻村《いおぎ》(のちに井荻町に移行)と呼ばれていた時代の村長だ。

内田は、「井荻村の偉人」と呼ばれるほど、数々の偉業を成しとげた人物で、西荻窪駅の誘致と区画整理にも尽力している。

西荻窪駅が開設されたのは、1922年(大正11)のこと。阿佐ケ谷や高円寺の駅開設と同時期である。

駅を誘致する場合、村としてかなりの負担を覚悟しなければならない。じっさい、井荻村が負担しなければならなかったのは、駅用地のほかに、2000~3000円の資金だったという。これは、現在の価値に換算して約1000万円もの金額になる。

まるで碁盤の目のように整然とした西荻窪駅周辺

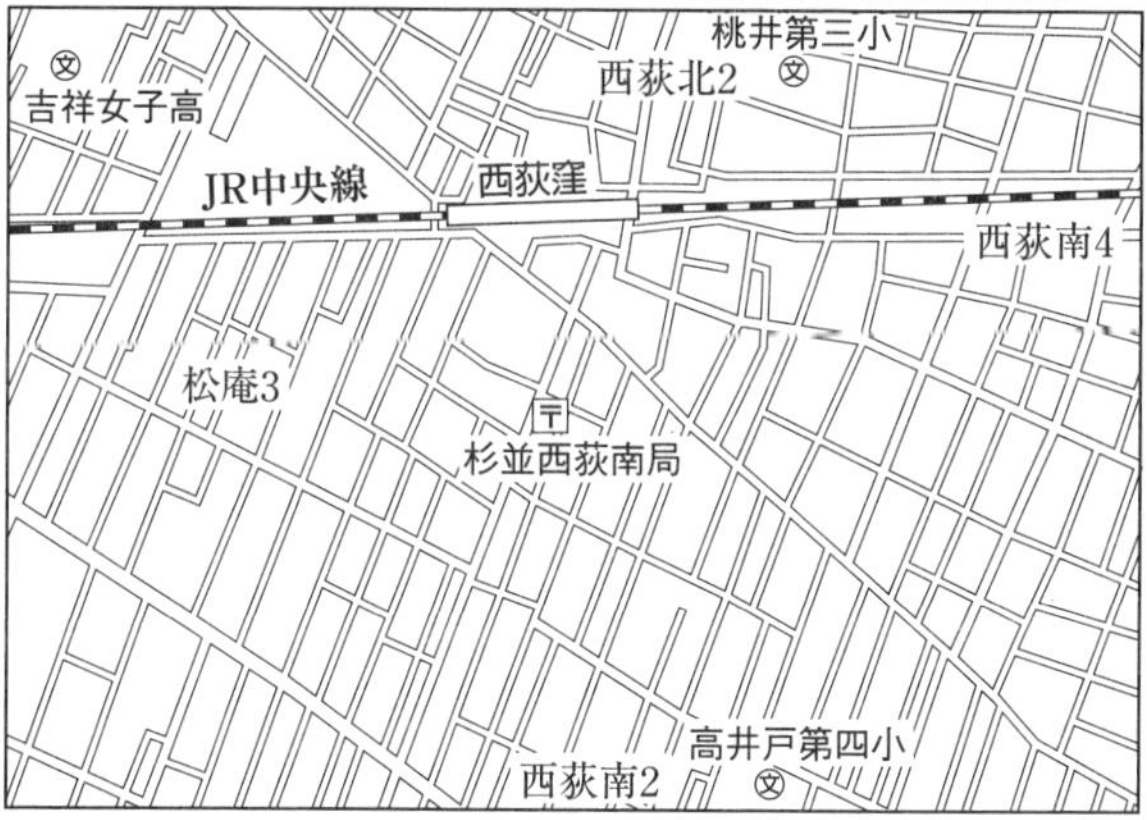

内田は熱心に村民を説得してまわり、みずからはもちろん、村民、ひいては村外の人々からも寄付を募《つの》り、6000円近くを集めたという。

そして、駅の用地だけでなく、駅までの道路を整備するにあたり、当時は2・7メートルしかなかった道路幅を5・4メートルにまで広げた。このときも内田は、自分たちの耕地を提供するのを渋る村民を粘り強く説得した。

さらに、内田が大正から昭和にかけて手がけたのが区画整理だ。その規模は総面積888ヘクタールにもおよび、ひとつの町や村が行なった区画整理事業としては、全国でも最大規模に匹敵《ひってき》するものだった。内田は関東大震災後、郊外の宅地化が進むと考え、そのためには区画整理をして町の土台を築く必要があると考えたのである。

その〝読み〟は見事に当たり、都心から多くの人々が引っ越してきて、井荻村は新たな住宅地として発展したのである。

新宿駅に「利用客ゼロ」のときがあったって本当?!

新宿駅といえば、多くの人が利用する駅のひとつ。ＪＲ東日本エリアに限ってみれば、「1日平均乗車人員数」は約75万人と、もっとも多い（2013年調べ）。

いまやマンモス駅となっている新宿駅だが、過去には、現在の様子からは想像もできない〝寂しい駅〟時代があった。

それは、1885年（明治18）のこと。品川―赤羽間を結ぶ品川線（現：埼京線〈赤羽線〉と山手線）の開通によって、新宿駅が開業したときだ。そのころの1日の平均利用客数はわずか50名ほどで、雨が降るとお客がまったくいないという日もあったという。

鉄道の黎明期《れいめいき》とはいえ、1日の乗客が50人程度とは、あまりにも少ないといわざるをえない。その理由は、設置当初の新宿駅がとてもへんぴなところにあったからにほかならない。

じつは当初、新宿駅を設置する場所は、内藤新宿と呼ばれる、甲州街道と青梅街道が分岐《ぶんき》する地点が計画されていた。

「新宿」という言葉どおり、ここは江戸時代に新しい宿として開かれた交通の要衝《ようしょう》。内藤という言葉が冠されているのは、信州高遠《たかとお》藩内藤家の下屋敷の一部に開かれたからだ。

ところが、この計画が実現することはなかった。内藤新宿は、江戸の出入り口としてひじょうににぎわった場所である。そのため、鉄道駅ができてしまっては泊まり客が減ってしまうと、近隣住民がこぞって反対したのだ。

そのため、内藤新宿をあきらめ、宿場町から

明治時代の新宿駅（提供:毎日新聞社）

西の外れに位置する角筈《つのはず》村に駅を設置せざるをえなくなった。

当時の角筈村は農村風景が続く場所で、まわりには何もなかった。そんななかにポツンと駅ができたため、利用するにはとても不便だったのである。

もっともその後、新宿駅の周辺は大きく発展。百貨店や映画館、歌舞伎座などの娯楽施設が立ち並び、日本有数の歓楽街へと変貌《へんぼう》していったのはご承知のとおりである。

東京駅の「銀の鈴」は、かつて本当に鈴の音が鳴った！

東京駅のシンボルのひとつといえば「銀の鈴」だろう。渋谷駅での待ち合わせの定番スポットが「ハチ公」であるように、東京駅の待ち合わせ場所といえば「銀の鈴」である。

この「銀の鈴」は、東京駅の中央地下1階コンコースの八重洲《やえす》地下中央口改札内にある。はじめて設置されたのは1968年（昭和43）のことで、当時の東京駅の助役が、東京オリンピック開催や新幹線開通などで利用客が増えた東京駅に、何か待ち合わせのための目印をつくろうと発案。これが駅長にも認められて設置されたのである。

鈴が目印として選ばれたのは、神社に神様を呼び起こす鈴があるように、古来、人を呼び、注意をうながす道具として使われてきた鈴が、東京駅にはふさわしいと考えられたからだ。

初代の銀の鈴は、竹の骨組みの上に和紙を貼り、さらにその上に銀紙を貼るという、ハリボテのようなものだったそうだが、1969年（昭和44）に登場した2代目からは、銅製にグレードアップした。

現在の4代目「銀の鈴」

この2代目の鈴には隠しスピーカーがセットされ、そこからじっさいの鈴の音が流れたというから、なんとも粋《いき》なものである。

しかし残念ながら、現在ではその音色を聞くことはできない。長年使っていたためにテープが傷み、音が悪くなったためらしい。

現在の銀の鈴は、東京芸術大学学長の金工家・宮田亮平氏によるもので、2007年（平成19）に誕生した4代目である。

銀の鈴のまわりには、おみやげやお弁当などを売る店が立ち並んでおり、つねに人が行き交っている。待ち合わせの合間に、それらのお店をのぞいてみるのも楽しいだろう。

6

その由来に驚きが止まらない！

駅名・地名の謎学

たとえば…
荻窪駅前の広場で
「荻窪」の名のルーツを発見！

駅名がそのまま市名になった「国立」駅

新駅の名前を決めるとき、もっとも一般的なのは、駅舎の建つ所在地の名をつけるという方法だろう。つまり、まず所在地ありきというわけだ。

ところが、駅名が先にあり、そこから市名が決定された珍しい例がある。それが国立市《くにたちし》だ。

国立市は、一橋大学や東京女子体育大学、国立《くにたち》音楽大学、NHK学園、東京YMCA医療福祉専門学校など、多くの学校が集まる学園都市で、1952年（昭和27）には、東京ではじめて文教《ぶんきょう》地区の指定を受けている。

国立が学園都市として発展した背景には、箱根土地株式会社（現：プリンスホテル）による土地開発があった。

それまで武蔵野の雑木林が残る田園だったこの一帯は、谷保《やほ》村と呼ばれており、中央線は通っていたものの、線路は村の外れにあり、駅もなかったため、鉄道による恩恵を受けられないでいた。

そんな場所に目をつけたのが、箱根土地株式会社を率《ひき》いていた堤康次郎《つつみやすじろう》である。

文教地区として知られる国立駅周辺図

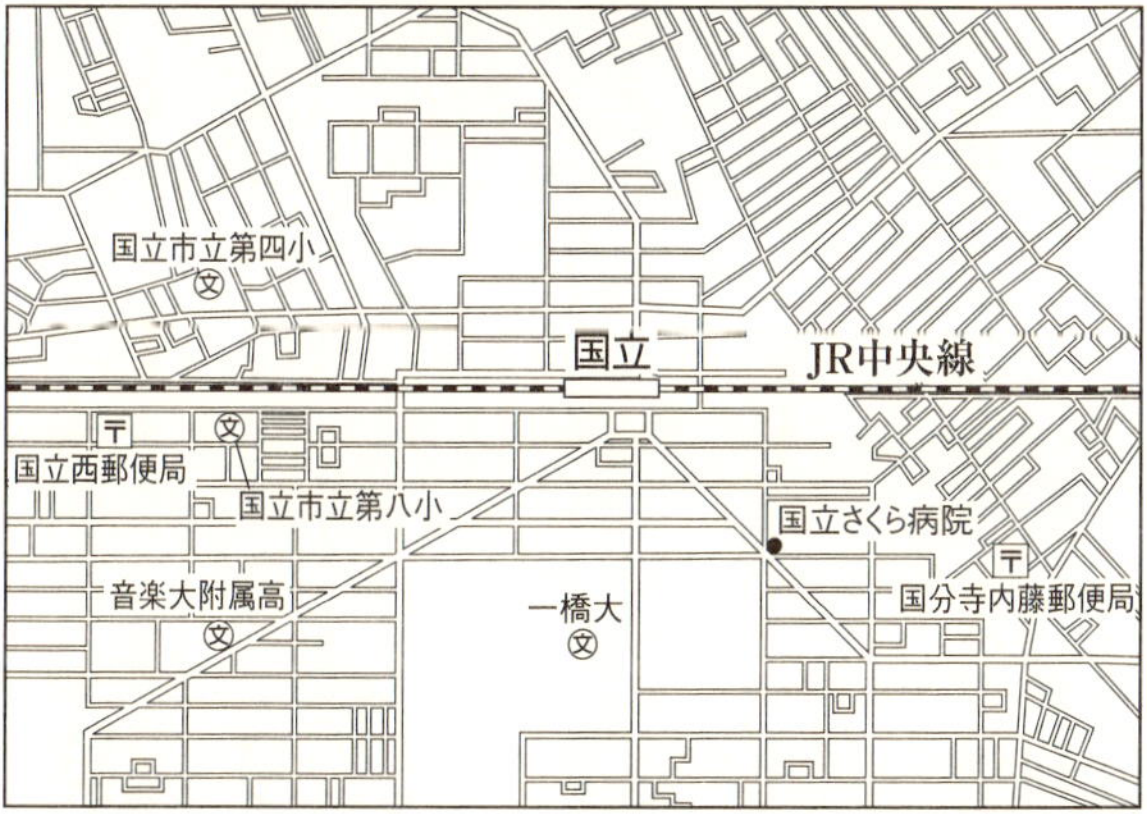

西武グループの創業者であり、国会議員でもあった堤は、当初からこの地を学園都市にする構想があったようで、土地開発を終えた1926年（大正15）にはみずから駅を建設。そのまま鉄道省（現・国土交通省）に寄贈までしている。

このとき、駅名がつけられたわけだが、その由来には諸説がある。なかでも有力なのが「国分寺と立川の中間に位置していたので、それぞれの一字をとって『国立』とした」というもの。

ほかには「ここから新しい国がはじまる、という意味をこめて、国が立つとして『国立』とした」といった説もある。『国立市史』では、由来は不明だが、いずれにしても名付け親は堤康次郎であったと記している。

こうして誕生した国立駅の周辺は、しだいに人家が増え、駅はいつしか谷保村の中心となった。

そして、1951年（昭和26）、谷保村が町制へ移行するさい、それまでの「谷保」よりも、村外の人々にもよく知られている駅名「国立」のほうがよいとして、町名を「国立」に変更したのだ。1965年（昭和40）に、町から市へ昇格したときも、そのまま「国立」の名が採用されている。

「吉祥寺に『吉祥寺』という寺がない」ってどういうこと？

武蔵野市の吉祥寺といえば、お洒落《しゃれ》なショップが軒《のき》を連《つら》ね、若者に人気のあるエリアとして知られている。駅名にも使われているこの地名の由来は、曹洞宗《そうとうしゅう》の吉祥寺がルーツである。

といえば、当然、このエリアのどこかに吉祥寺という寺が立っているはずと考えるところだが、じつは、この地に吉祥寺という名の寺はない。それどころか、はるか昔にさかのぼってみても、このエリアに吉祥寺が存在したことはないのだ。

にもかかわらず、なぜ寺の名に由来する地名がついたのだろうか。

じつは、吉祥寺という名の寺は、この地ではない場所に存在している。

吉祥寺の創建時期は、太田道灌《おおたどうかん》が江戸城を築いた1457年（長禄《ちょうろく》元）ごろで、場所は水道橋付近にあった。

ところが、1657年（明暦《めいれき》3）に明暦の大火によって焼け出されてしまい、現在の文京区本駒込に移転させられるという憂《う》き目にあう。さらに、寺の境内を拡張して火除地《ひよけち》にするという幕府の意向から、それまで門前に住んでいた人々は住居を失うことになった。

その救済措置として、住民には水道橋から遠く離れた武蔵野の原野が与えられ

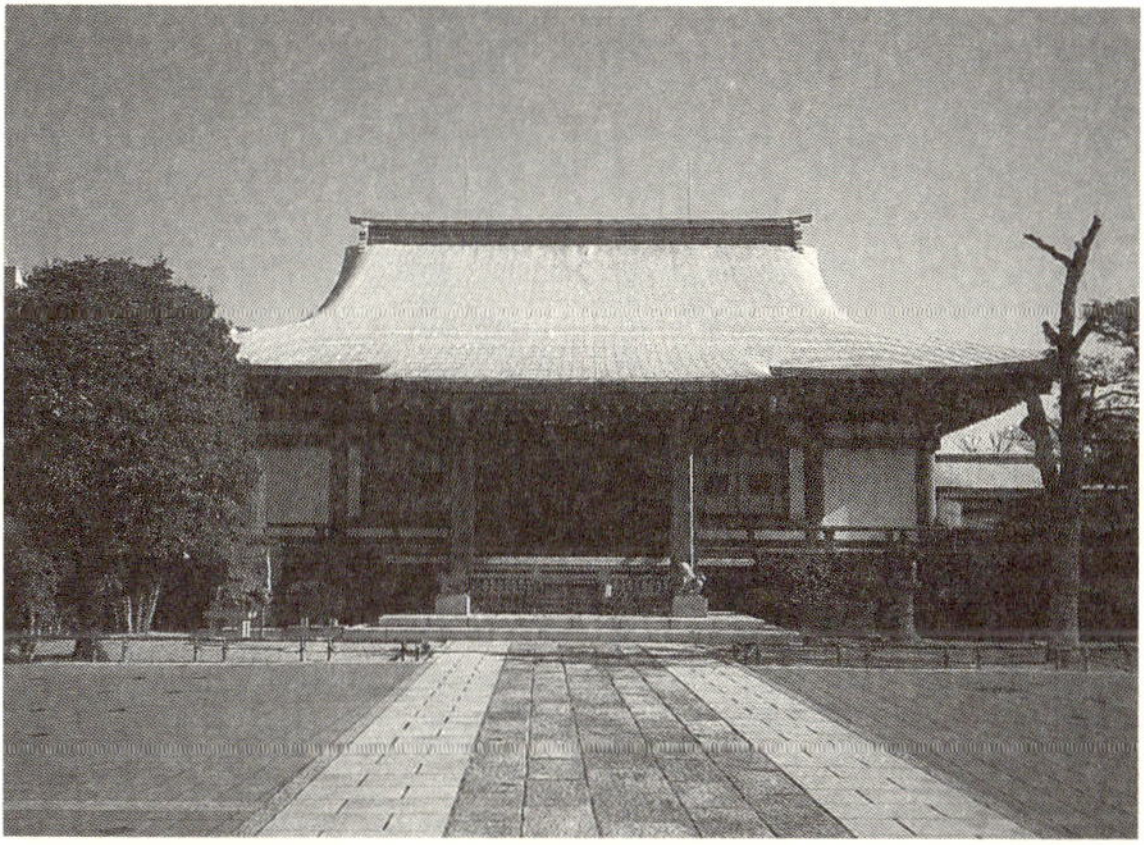

文京区本駒込にある「諏訪山吉祥寺」（提供:三人日）

た。そして彼らは、新しく開墾《かいこん》した土地の名を決めるとき、愛着のあった寺の名をとって「吉祥寺村」とした。これが現在の吉祥寺である。

いっぽう、駒込の吉祥寺は太平洋戦争中の東京大空襲により、建物のほとんどがふたたび焼失してしまったが、1964年（昭和39）に再建され、本堂のほか、客殿、庫裏《くり》が立ち並んでいる。

荻窪駅前の広場で「荻窪」の名のルーツを発見！

2010年（平成22）以前、荻窪駅4番線ホーム（東京方面）の阿佐ケ谷寄りの線路脇に、わずか6畳ほどの草が生え茂った一角があった。荻窪駅を利用している乗客のなかには、覚えているという人もいるかもしれない。ほかの線路脇部分はきちんと整備されているのに、なぜかその場所だけ、まるで放置されているように映っていた。

その理由が2011年（平成23）、はっきりする。じつは、この小さなスペースに生い茂っていたのはイネ科の「荻」。荻窪という地名の由来となった植物名だったのである。

話は、いまから1300年以上も前の708年（和銅《わどう》元）にまでさかのぼる。観音像を背負った旅の修行僧がこの地を訪れたところ、突然、観音像が重くなり、一歩も歩けなくなってしまった。

　不思議に思った修行僧は、この観音像はこの地に何か縁があるのではないかと考え、付近一帯に自生していた荻を刈り取って草堂をつくり、観音像を安置したという。この草堂が現在の慈雲山《じうんざん》荻寺《おぎでら》光《こう》明院《みょういん》で、この逸話から「荻が群生《ぐんせい》する窪地《くぼち》→荻窪」という地名がついたといわれている。

　たしかに荻窪以外にも、周辺には上荻《かみおぎ》や南荻窪など、荻がつく地名が多く、かつてこの地に荻が群生していた名残《なごり》をそ

2010年まで4番線ホームにあった荻の植込み（提供:Mikagekawase）

の名に見ることができる。

しかし、残念ながら宅地化が進み、じっさいの荻はほとんどが消滅してしまう。そんななか残っていた自生の荻が、冒頭で紹介したホームの線路脇に茂る荻だったというわけだ。

ひっそりと残されていた荻だが、２０１１年3月に荻窪駅北口駅前広場がリニューアルしたさい、線路脇から小広場へと移され、地名の縁起を書いた木の看板も立てられた。

これまでその理由も知られず、日の当たらない場所にいた荻が、やっと日の当たる場所へ出たのである。

四ッ谷駅の名に、住居表示にない「ッ」が入る理由

日本には、駅名と地名が一致していない場所がいくつもある。たとえば東京メトロ「霞ケ関」駅の所在地は千代田区の「霞が関」。駅名と地名の表記が異なるが、どちらも読み方は「かすみがせき」である。

中央線にもまた、そんな駅が存在する。『東海道四谷怪談』で知られる新宿区四

谷だ。地名は「四谷」と書くが、駅の名前は「四ッ谷」とあいだに「ツ」が入っている。

なぜ、書き方が統一されていないのか——その謎を解く前に、四谷の地名の由来をひもといてみよう。

この地名の由来は、おもにふたつの説がある。ひとつは『江戸砂子《すなこ》』に記された「四つの谷」説だ。「千日谷」「茗荷谷《みようがだに》」「千駄ケ谷」「大上谷」と呼ばれる台地に大きく切れ込んだ谷が四つあったという記述が由来だが、四谷付近にそのような谷があった事実はないため、信ぴょう性に欠ける。

そのため、ふたつめの「四ッ屋」説が有力とされている。江戸時代、甲州街道（新宿を起点に山梨県の甲府を経由し、長野県の上諏訪《かみすわ》までを結ぶ街道）には、旅人の休憩所となる四軒の茶屋があった。それぞれ「梅屋」「保久屋」「茶屋」「布屋」であり、「四ッ屋（四ッ家）」から転じて「四ッ谷」になったというものだ。

『四谷区史』によれば、当時の四谷周辺は原野ばかりで、目立つ建物は四軒の茶屋くらいしかなかった。そのため、原野には「四ッ屋原」の名がついていた。つまり、もともとの地名には「四ッ谷」と「ツ」が入っていたことになる。

この表記は、明治時代中ごろまで多く使われていたが、明治の末になると、しだいに「四谷」表記が増えはじめる。そして1878年（明治11）には、東京市15区制定により「四谷区」が成立。正式な名として「四谷」の表記が用いられるようになった。

しかし、JR東日本によると「四ッ谷駅」は、現在の地名「四谷」ではなく、より古い地名である「四ッ谷」の名を駅名として採用することにしたのだという。そのため、駅名と地名が一致しない場所となったのである。

市ケ谷の由来は「市が立っていたから」ではない?!

市ケ谷という地名の由来は、一般にはつぎのふたつの説が有力とされている。

ひとつは、昔このあたりには「市《いち》」が立っており、市の品物を買うことを「市買い」と呼んでいたため、この「市買い」がなまって「市ケ谷」になったというもの。

もうひとつは、四ッ谷と関連づけたという説。四ッ谷とは、このあたり一帯が谷の地形であり、四番目の谷を指してこう呼ばれた。

このうち一番目の谷のあたりを「一ッ谷」と呼んでいたが、それがいつしか「市ケ谷」になったというものだ。

最初の説は、市場にルーツを求めたもの、つぎの説は「一」という数字が由来となっている。

しかし、このふたつの説とはまったく異なる視点から、市ケ谷の由来を唱えたのが『東京の地名』（河出書房新社刊）の著者・筒井功氏である。筒井氏はその著書で、市ケ谷の「市」は、「イチ」という音を漢字に置き換えただけにすぎず、ルーツは「市」でも「一」でもないとしている。

まず、筒井氏はふたつの説にたいしての疑問を述べている。

市に由来する説については、市ケ谷あたりに市が立っていたという歴史的史料がないこと、また市ケ谷周辺は湿地帯のため、人々が多く集まる市が立つとは考えにくいという二点。

「一番目の谷だった」という説についても、そもそもこのあたりに四つの谷があったという史料がないことに加え、もし本当にあったのなら、「二ッ谷」と「三ッ谷」があるはずだが、どこにあるのかわからないのはおかしいと指摘している。

では、筒井氏が唱える「イチ」とは何か。

それはいわゆるシャーマンのことだという。もともと「イチ」とは、宗教者を意味する古い言葉であり、日本語でいえば、呪術者《じゅじゅつしゃ》、祈禱者《きとうしゃ》にあたる。つまり、「イチガヤ」とは、「イチ」がいた、つまりシャーマンがいた場所を示しており、市ケ谷は禊《みそぎ》の場や斎場《さいじょう》の場所だったのではないかというのだ。

市ケ谷は、いまや上智大学や法政大学、中央大学といった大学が立ち並び、日本の安全保障を担《にな》う防衛省もある街。ひとつの説とはいえ、その地にシャーマンがいたというギャップは、とても面白い話である。

水道橋には、その名の通り「水道専用の橋」があった！

水道橋という駅名は、駅の東口（御茶ノ水側）を出てすぐ、後楽園方面に向かう途中にある神田川にかかる橋がルーツだと思っている人が多いだろう。

しかし、そうではない。江戸時代、人のためではなく、水を通すための橋が存在しており、それが由来である。

江戸市街は、東京湾に面する低湿地につくられたため、ほとんどの井戸は機能していなかった。というのも、井戸を掘っても塩分の多い水が出るだけで、飲み水としては使えなかったのだ。

そこで、飲み水を確保するために設けられたのが、神田上水（当初の名は小石川上水）である。

神田上水の水源は、吉祥寺にある井の頭池。井の頭池から発した流れは、善福《ぜんぷく》寺《じ》池と妙正寺《みょうしょうじ》池の流れと合流したのちに江戸の町へ入った。

ところが、水戸藩徳川家の江戸上屋敷（現：小石川後楽園）を抜けたところで神田川にぶつかってしまう。

そのため、この上水を確保するために、わざわざ上水道専用の橋をかけることにした。これこそが、水道橋である。

この水道橋は、橋の上に木をくりぬいた懸樋《かけい》をわたし、上水がその懸樋のなかを通るしかけになっており、もちろん人が通ることはできなかった。今日の水道橋とは、ずいぶん趣《おもむき》がちがっていたので

『江戸図屏風』に描かれた水道橋（矢印が指している橋）

ある。

こうして水道橋を通った上水は、地中に埋められた木管や石樋《いしどい》によって、大名屋敷や武家屋敷の下を通り、神田や日本橋方面に流された。

飲み水用だった上水の管理は幕府もとくに気をつかい、監視のための番人を置いた。それでも雨が続くと、水がにごることも多かったという。

苦心の末、つくられた神田上水は、その後、明治時代まで使用されたが、汚染が進んだこともあり、1901年（明治34）にその使命を終えた。

しかし、神田川沿いを歩くと、現在でも各所に、その名残を見つけることができる。

水道橋駅東口付近に立つ神田上水懸樋跡の石碑

神田の地名は、平将門の「カラダ」が由来だって?!

神田駅の名は、神田という地名からとられたことに間違いはないが、肝心の神田そのものの由来となると諸説あり、はっきりしていない。

その表記から、周辺に伊勢神宮に奉納する初穂をつくる神供田＝神田（みとしろ）があったからというのが一説。

もうひとつは、730年（天平《てんぴょう》2）に、出雲《いずも》の民が武蔵国造《むさしのくにのみやつこ》という役職に任ぜられたさい、大国主命《おおくにぬしのみこと》を氏神《うじがみ》として現在の大手町付近にまつり、これを「神田明神」と称したことから、この社名である「神田」の地名が生まれたという説である。どちらにも信憑性《しんぴょうせい》がありそうだが、もうひとつユニークな説がある。それは、平将門の身体（カラダ）からきているという説だ。

平将門は桓武《かんむ》天皇の子孫で、関東（現在の茨城県と千葉県あたり）を平定した地方豪族だった。

平安中期の939年（天慶《てんぎょう》2）、平将門はみずからを「新皇《しんのう》」と宣言する。つまり、新天皇を名乗り、関東の独立を宣言したのだ。これに激怒した朝廷は、平将門の討《とう》伐《ばつ》命令を下し、関東一帯は内乱（平将門の乱）となった。

結局、将門は敗れ、その首は刎《は》ねられた。胴体は戦場近くの茨城県に葬《ほうむ》られたが、首だけは京都に送られ、獄門台《ごくもんだい》にさらされた。

しかし、将門の首は3か月たっても腐ることなく、やがてみずからの胴体を求めて東へと飛び、現在の大手町に落ちたとされる。

その場所が、大手町のビル群のなかにひっそりとたたずむ「平将門の首塚」があるところだ。その首を付近の住民は手厚く葬り、近くの神社に御霊《みたま》をまつったと伝わっている。

ここから、御霊がまつられた神社は

大手町のビル街の一角にある「平将門の首塚」

「（平将門の）カラダの明神」と呼ばれるようになり、のちにそれがなまって「神田明神」となったという。つまり、神田という地名のルーツは、将門がまつられた神社に由来しており、さらに元をたどれば、将門の身体（カラダ）からきているというわけだ。

その後、神田明神は江戸時代に行なわれた江戸城増築によって、大手町から現在の神田の地に移り、現在も将門を主祭神の一柱としながら、多くの人の信仰を集めている。

三鷹のルーツは「三領の鷹場」から来ている？

三鷹駅は、1日平均の乗車人員が約9万人（2013年度）という、中央線における主要駅のひとつ。通勤特快以外の列車はどれも停車するし、中央・総武緩行《かんこう》線や東京メトロ東西線への直通列車は、早朝・深夜を除き、この三鷹で折り返している。

いまや商業施設が立ち並ぶ地域だが、江戸時代にさかのぼれば、自然が保全された場所だった。それは「三鷹」という地名からもわかる。

江戸時代、現在の三鷹周辺は、将軍家と尾張徳川家の鷹狩りの場として指定された「鷹場《たかば》」だった。東部地域が将軍家、西部地域が尾張徳川家の所有だったといわれる。

まったく人家がなかったわけではないが、勝手に樹木を伐採《ばっさい》するなど、人の手を加えることは禁止されていた。また、誤って部外者が立ち入ったりすることがないように、境界には鷹場であることを示す鷹場杭《くい》（ここからは、〇〇家の鷹場であるなどといった説明が刻まれた石杭）が打たれていた。こうして環境が守られていたのである。

では「三鷹」の「三」はどこからきたのか。このあたりが三鷹と名付けられた

三鷹市役所の敷地内にある「鷹場標石」

のは明治時代と比較的新しく、「三」の文字がついた理由は、じつははっきりしていない。

もっとも有力とされている説は、将軍家や徳川御三家の鷹場だったことから、「御鷹《みたか》」という敬称をつけて「御鷹」としていたが、この「御」という文字がいつしか「三」に変わったのではないかというものだ。

ほかに、「三」は「三領」からきているという説もある。徳川尾張家の鷹場は野《の》方領《がた》、世田谷領、府中領の三つで、現在の三鷹地域は、その三領にまたがっていた。そこから「三」という文字をとって「三鷹」にしたというものだ。

現代人からすれば、鷹狩りという娯楽のために、広大な土地を使うとはぜいたくな話だが、鷹狩りの本来の目的は、領土の見回りと家臣の鍛錬《たんれん》にあった。その歴史が地名に残されているというわけだ。

中野駅北側の旧地名「囲町」の由来は犬小屋！

中野駅の北側、中野サンプラザや区役所があるあたりの住所は「中野四丁目」だが、そう呼ばれるようになったのは、1966年（昭和41）10月以降のこと。それ以前（1929年〈昭和4〉～1966年）は、「囲町《かこいちょう》」という名だった。

　囲町という地名の由来は、ある「囲い」がじっさいにあったことによる。それは歴史的にとても有名な犬小屋の「囲い」だった。そう聞いてピンときた人も多いだろう。

　時は五代将軍綱吉の治世《ちせい》。綱吉によって動物、とくに犬を手厚く保護するようにという「生類《しょうるい》憐《あわれ》みの令」が発せられた。この法令のもと、ノラ犬は保護され、幕府が管理する犬小屋で何不自由なく暮らしたのである。

　犬小屋といっても、私たちが想像するような小さなものではない。もともとは、現在の世田谷区や新宿区あたりに設置さ

中野区役所前にある「犬屋敷の跡碑」

れていたが、それだけでは収容しきれなくなったため、綱吉の命《めい》によって中野にも追加で建設された広大なものだ。

その面積は、約53ヘクタール（16万坪）もあったといわれており、ここに犬部屋、餌飼《えがい》部屋、日除所が約600か所設けられた。収容された犬たちのエサ代だけで、年間約4万両（約40億円相当）にもなったというから、その規模の大きさが尋常《じんじょう》でなかったことがわかるだろう。

犬小屋は綱吉の死後、生類憐みの令が廃止されたあとも存続していたが、八代吉宗の時代になると撤廃され、代わりに桃の木が植えられた桃園へと姿を変えた。当時は桃の名所として、多くの見物客が訪れたという。

市街地となったいまは、桃園さえ見ることはできないが、区役所の南側に、犬の像と「囲い」があったことを示す案内板があり、当地の歴史を伝えている。

阿佐谷パールセンターの「パール」に込められた意味とは？

阿佐ケ谷駅は、平日のみ快速が停車する駅だが、新宿から約10分と好立地にあり、昭和の面影《おもかげ》を残す町並みもよく知られている。

もともと阿佐ケ谷界隈《かいわい》は田園地帯だったが、1923年（大正12）の関東大震災をきっかけにして、新興住宅地として発展した。

このとき、井伏鱒二《いぶせますじ》や三好達治《みよしたつじ》、尾崎一雄、太宰治《だざいおさむ》などが集まる中華料理店「ピノチオ」があったことから、いしつか文士《ぶんし》（作家）たちが集まる場所という意味で「文士村」と呼ばれるようにもなった。

そしてもうひとつ、阿佐ケ谷といえば、中杉通りのケヤキ並木と並行するように並ぶ商店街が有名だ。通称「阿佐谷パールセンター」である。

約700メートルにもなるアーケード街で、ここに240の店が並ぶ。スーパーマーケットやドラッグストアといったどこでも見かける店だけでなく、金物店や手芸用品店、呉服店など、レトロな雰囲気の店も多い。

この阿佐谷パールセンター、じつは、1952年（昭和27）に都内初の歩行者専用道路（歩行者天国）の指定を受け、脚光《きやっこう》を浴びた商店街でもある。いまでは珍しくない歩行者天国だが、当時としては、画期的なアイデアだった。

そして、気になる「パールセンター」という名は、正式名称の「阿佐ケ谷南本通り商店街」では長すぎるということで、公募によってつけられた愛称である。各商店が真珠のように輝き、首飾りのように商店どうしが結びつきながら発展していこ

8月上旬にパールセンターを中心に行なわれる「七夕祭り」も有名

アーケードは開閉式になっている

うという願いがこめられている。

現在、パールセンターでは、阪神・淡路大震災の教訓から、火災になった場合に備《そな》え、電動で屋根が開く工夫のされたアーケードが採用されている。1999年（平成11）に完成したこの2代目アーケードは、白とピンクを基調にした独特なデザインとなっており、住民の評価は上々だ。

西八王子駅の所在地が「千人町」と呼ばれる理由

西八王子駅がある住所は「八王子市千人町《せんにんちょう》」。ユニークな町名だが、これは「町の人口が1000人だから」というわけではない。

千人町の名は、かつて甲州街道沿いに「八王子千人同心」の組頭《くみがしら》たちの屋敷があったことに由来する。千人同心は、もとは甲斐《かい》武田氏の家臣で、甲斐との国境を守る、いわば守備部隊だった。

八王子千人同心が発足したのは、1590年（天正《てんしょう》18）の豊臣秀吉による小田原征伐がきっかけである。この戦いで後北条氏は滅亡し、小田原城の支城であった八王子城も落城した。

その後、新領主となった徳川家康は、八王子の地を重要な拠点と考え、1600年（慶長《けいちょう》5）に甲斐武田氏の家臣を八王子城下に配した。

これが、八王子千人同心のはじまりである。やがて彼らは、文字どおり1000人規模の集団になっていく。

身分は武士でありながら、ふだんは農業に従事するという存在だったが、武術に秀《ひい》でており、新撰組の近藤勇《いさみ》や土方歳三《ひじかたとしぞう》らが身につけていた天然理心流の剣術を稽古《けいこ》していたとされる。関ヶ原の合戦や朝鮮の役《えき》、大坂の陣などの合戦にも参戦していたという。

その後、泰平《たいへい》の世になると、日光東照宮の警備が彼らのおもな仕事になった。1974年（昭和49）に八王子市と栃木県日光市が姉妹都市になっているが、その背景には、千人同心の日光での活躍が関係している。

また、蝦夷地《えぞち》（現在の北海道）の開拓と警備も行なった。極寒のなか、病人や死者が続出したため、開拓は途中中止を余儀なくされたが、それが縁となって、八王子市と北海道苫小牧《とまこまい》市もまた姉妹都市になっている。

このほかにも、江戸城や大坂城の修理から、多摩郡の地誌調査まで、さまざまな事業に携《たずさ》わっていたのが千人同心だった。

その後、明治になって新しい世がくると、守備部隊としての意義は薄れ、解散。こうして八王子千人同心の歴史は幕を閉じた。

現在では、八王子市内に残る数々の史跡と「千人町」の地名が、当時の千人同心の隆盛《りゅうせい》を物語っている。

7

“鉄ちゃん”垂涎《すいぜん》のスポット！

鉄道遺産の謎学

たとえば…
解体されたはずの
「旧国立駅舎」が復活する?!

平成の世にひっそりと消えた「飯田町駅」とは？

飯田橋駅東口から九段《くだん》へと続く目白通り沿いの一角に「甲武《こうぶ》鉄道 飯田町駅《いいだまち》」と刻まれた石柱がある。

「飯田橋駅」ではなく、「飯田町駅」と刻まれていることに注意してほしい。この駅名の変遷《へんせん》にこそ、飯田橋の120年にわたる鉄道の歴史が詰まっている。

飯田町駅とは、中央線の前身である甲武鉄道が都心部へと延伸《えんしん》するうえで、中心となった駅だ。旅客《りょかく》だけでなく貨物も取り扱う駅で、開業は1895年（明治28）4月3日。飯田町―牛込《うしごめ》間が開通したのにともなってのことだった。

その後、1904年（明治37）に御茶ノ水へと延伸するまで、飯田町駅は甲武鉄道の東京側の始発駅となっていたが、山手線が整備されるとともに乗り換えが不便になり、しだいにターミナル駅としての機能を果たせなくなっていく。

当時は人口増加とともに旅客数が増え、運転本数も多くなったことから複々線化する計画が浮上していたが、飯田町駅のホームは隣の牛込駅と近接していたため、複々線化しても効率が悪くなるだけという事情もあった。

飯田橋駅の前身となった飯田町駅と牛込駅

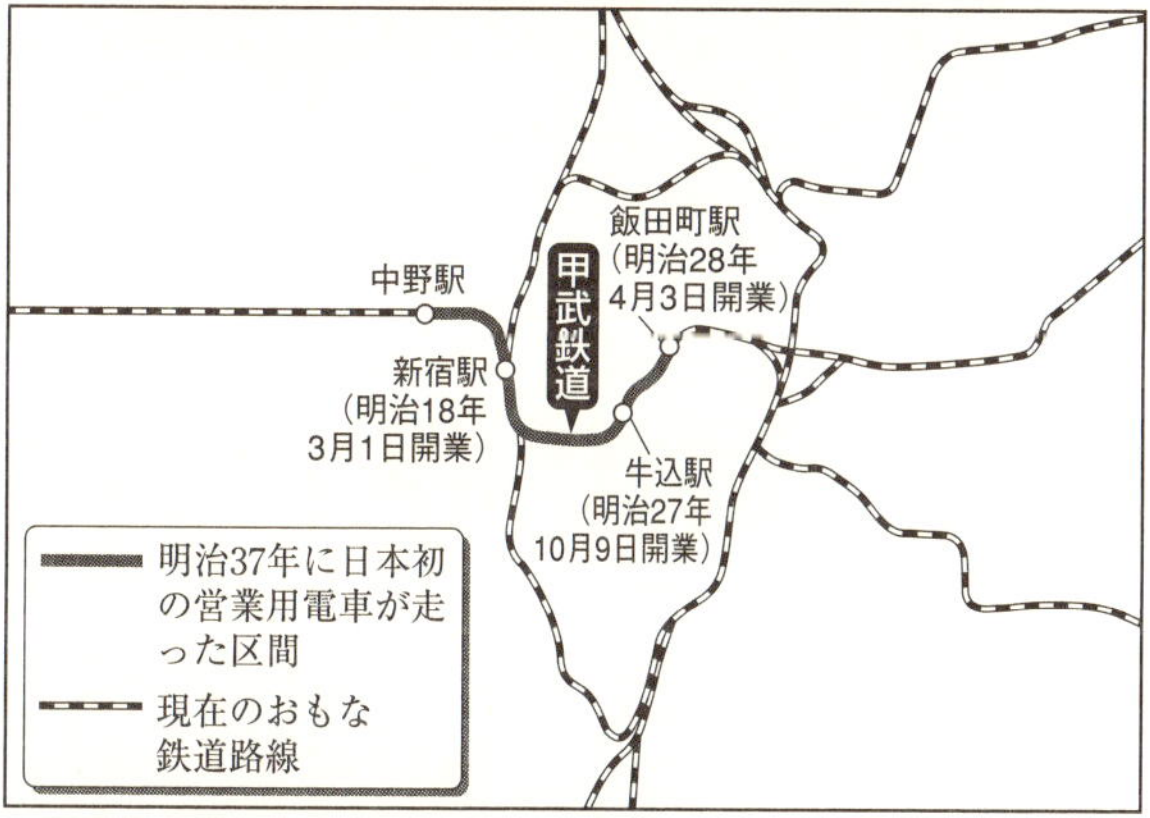

1988年ごろの飯田町駅
（提供:毎日新聞社）

こうしたことから、飯田町駅と牛込駅を統合した新駅をつくることになった。それが、現在の飯田橋駅である。開業は、関東大震災の復興にともなった複々線化工事が完成した1928年（昭和3）11月15日だった。

では、飯田町駅はその後、どうなったのだろうか。

飯田町駅は、新駅の開業後も長距離列車の発着駅として旅客営業を続けていたが、1933年（昭和8）に廃止され、貨物の専用駅となる。

駅の周辺には新聞社や出版社が立ち並び、大量の紙の需要があったため、貨物駅としての役割は長く続いた。しかし、平成になると紙製品の流通経路の変化や、周辺の再開発計画が立ち上がったことで、1999年（平成11）3月に全面廃止となり、その役目を終えた。

跡地には現在、複合施設「アイガーデンエア」を中心とする高層ビルやマンションが立ち並び、かつての貨物ターミナルの面影《おもかげ》は残っていない。

ただし、アイガーデンエアの敷地内には、貨物駅があった記念として、道路沿いの地面にレールが埋め込まれている場所がある。これこそが、過去に駅があったことを示す、ただひとつのモニュメントだ。

「御所トンネル」で採用された独特な工法とは？

中央線は、東京駅から高尾駅に至る53・1キロメートルの長い路線だが、トンネルはひとつしかない。四ッ谷駅から新宿方面へ出てすぐ（東京方面への列車なら四ッ谷駅手前）にある「御所《ごしょ》トンネル」のみである。

その唯一《ゆいいつ》のトンネルに「御所」という名前がついているのは、旧東宮《とうぐう》御所（現・迎賓館《げいひんかん》）の下を通っているからだ。

1889年（明治22）、新宿―立川間を開業した甲武鉄道は、新宿から東京方面への延伸計画を立て、新宿―牛込間（1894年開業）、牛込―飯田町間（1895年開業）、飯田町―御茶ノ水間（1904年開業）と路線を延《の》ばしていった。

そのうち、新宿―牛込間の路線計画は、当時の東宮御所（大正天皇の皇太子時代の住居）の下にトンネルを掘るというもの。この計画に、宮内省は当初「御所の下にトンネルを掘るなど、畏《おそ》れおおくてとんでもない」と難色《なんしょく》を示したが、結局、「社会公衆のためならば」と許可したのである。

しかし、条件がひとつ出された。それは「掘削《くっさく》するのはさすがに不敬なので、ほかの方法で行なう」というもの。そこで、まず地面を切りひらいてトンネルを構築し、完成後に土で埋め戻すという、じつに手間のかかる工法がとられた。

こうして1894年（明治27）、長さ317メートルのレンガ造りのトンネル（旧御所トンネル）が完成したのである。

トンネルはいまも現役で、中央・総武緩行《かんこう》線の下り（三鷹方面行き）に使用されており、その姿をいまに留《とど》めている。

隣接するコンクリート製のトンネル（新御所トンネル。1926年〈大正15年〉完成。中央快速線と緩行線上りで使用）とくらべても歴史を感じさせる建造物だ。

走る列車の車内からトンネル内部をつぶさに観察することはむずかしいが、ト

現在は中央・総武緩行線の下りが走る「御所トンネル」

ンネル内部にもレンガがはめこまれており、かつてSLが走っていた名残《なごり》で、本来赤いはずのレンガは黒ずんでいる。

また、東京メトロ丸ノ内線四ッ谷駅新宿方面行きホームの先端（赤坂見附《みつけ》駅寄り）からは、赤レンガに縁《ふち》どられた古めかしいトンネルの入り口を見ることができる。

高尾駅ホームの柱に刻まれた弾痕の正体とは？

高尾駅は、京王電鉄高尾線の京王高尾駅と接続しており、高尾山への入り口として知られる。

開業したのは、1901年（明治34）とひじょうに古く、1961年（昭和36）に現在の駅名に改称されるまでは「浅川《あさかわ》」という駅だった。

現在の北口駅舎は社寺風の木造建築だが、これは1927年（昭和2）、大正天皇の大喪《たいそう》列車を走らせるために新宿御苑に設置された仮停車場を、そのまま移築したものである。

その高尾駅の1・2番線ホームへの跨線橋《こせんきょう》を下りたところにある「31」と番号がふられた柱と「33」とふられた柱に注目してほしい。白いペンキが剝《は》げている部分

ペンキが剝げた部分に弾痕が残る

に、はっきりと弾丸が撃ちこまれた痕《あと》が残っているのがわかるはずだ。鉄道のホームに弾痕《だんこん》とは、なんとも不釣り合いな印象である。

これは、太平洋戦争中の空襲による。1945年（昭和20）7月8日午後1時ごろ、アメリカ軍機が飛来し、線路や駅舎が機銃掃射《そうしゃ》を受けたのである。

銃撃を受けたレールは、その後、ホームの柱へと再利用されたが、現在に至るまで、戦争の悲惨さを物語る遺産として、あえて修復することなく残してきたという。

高尾駅のホームの屋根を支える柱には、戦争遺産とは別に歴史遺産もある。1・2番線ホームの柱のほとんどと、3・4番線の一部、さらにふたつの跨線橋に、明治時代、中央線がまだ甲武鉄道と呼ばれていたころのレールが使われているのだ。

これらは外国から輸入されたものと、国内製鉄所として誕生したばかりだった八《や》幡《はた》製鉄所製のもので、古き良き時代の面影を残している。

多摩川橋梁に残る「日野煉瓦」の夢の跡とは?

一般に鉄橋といえば、鉄筋コンクリート製の無機質なイメージがあるが、立川駅と日野駅を結ぶ途中にある多摩川橋梁《きょうりょう》は、趣《おもむき》が異なっている。上り線(東京方面)の立川側にある橋脚《きょうきゃく》の一部が赤レンガづくりになっているからだ。夕日に染まると、赤レンガがオレンジ色に映《は》え、すぐ下の河川敷とあいまって、まるでひと昔前に戻ったような風景が広がる。

この赤レンガは、1889年(明治22)の竣工《しゅんこう》時に使われたもので、補修はされているが、レンガは当時のままだ。

そしてこのレンガは、125年前につくられたということに加え、日野煉瓦《ひのれんが》製という点が、さらに稀少《きしょう》価値を高めている。

日野煉瓦は、日野出身の土渕英《はなぶさ》が、高木吉造、河野清助らとともに設立。1888年(明治21)に操業をはじめたものの、土渕の突然の死によって、操業からわ

上り線（立川側）の橋脚に、日野煉瓦製のレンガが使われている

日野側の橋台に
使われているレンガも
日野煉瓦によるもの

ずか2年半後の1890年（明治23）に廃業してしまった会社である。

この間に日野煉瓦が製造したレンガは約50万個で、そのうちの20万個が、この橋梁に使われたといわれている。つまり、多摩川橋梁を建設するために日野煉瓦が設立され、存在したといってもいい。

日野煉瓦製の赤レンガは、同じ中央線の浅川橋梁（豊田―八王子間）にも使われており、中央線の鉄橋と日野煉瓦が密接な関係だったことがうかがえる。

解体されたはずの「旧国立駅舎」が復活する?!

国立駅といえば、旧南口駅舎を思い出す人が多いだろう。並木道に映える赤い三角形の切り妻《きづま》屋根は、街のシンボルとして国立市民に親しまれた。

1926年（大正15）に完成した駅舎は、かつては原宿駅（1924年完成）に次いで都内で2番目に古いものであり、多くの駅がこの駅舎をモデルにしたといわれている。バルコニー風の装飾窓と半円形の明かり窓を施《ほどこ》しており、大正期のモダンな駅舎として広く知られる存在だった。

多くの人に親しまれてきた名駅舎であったが、2006年（平成18）10月、中央線の高架化工事にともなって解体され、もう二度とこのモダンな駅舎を見ることはできないと思われていた。

ところが、国立市では旧駅舎の再建を計画中である。２００９年（平成21）度の「まちづくり基本計画」において、旧駅舎の復元を２０１６年（平成28）末までに完了するとし、じっさいに旧駅舎の資材を保管しているのだ。復元後は、ギャラリーや観光案内所として利用していく予定だという。

ただ、計画はあまり順調とはいえない。駅舎があった場所はＪＲが保有しているため、市がその用地を取得する必要があるからだ。

駅前の一等地ということもあり、予算

2006年10月に解体された旧南口駅舎

の問題など、再建に向けての壁は高い。市も2016年末までに復元完了としていた当初の計画を、2018年の着工予定と修正している。

街のシンボルの復活を望む声は多く、国立市は寄付を募《つの》るなどして、なんとか再建の目途《めど》をつけようと努力している最中である。

中央線に、かつて支線が存在していたって?!

1950年代、三鷹駅から「武蔵野競技場線」という全長わずか3・2キロメートルの支線が敷《し》かれていたことをご存じだろうか。この支線をたどると、戦中戦後を通して日本が歩んできた歴史をかいま見ることができる。

1930年代、日本が戦争の道に突き進みつつあったころ、武蔵野市（当時は武蔵野町）には、中島飛行機武蔵製作所があった。中島飛行機といえば、戦闘機の「ゼロ戦」を生産していたことでも有名である。

その武蔵製作所は、三鷹駅から少し離れたところに位置していたため、資材を運ぶための専用線が敷かれた。これが武蔵野競技場線の前身である。

1945年（昭和20）、アメリカ軍の空爆で壊滅的な被害を受けた武蔵製作所は操業を停止。跡地は荒れ地となっていたが、終戦後、この荒れ地を再利用する案が浮上する。

そこで建設されたのが「武蔵野グリーンパーク野球場（東京グリーンパークスタジアム）」だった。当時の国鉄は、イメージ戦略の一環としてプロ野球チーム「国鉄スワローズ（現：東京ヤクルトスワローズ）」をたちあげており、ここをホームスタジアムのひとつとするもくろみがあった。

そして、球場へ向かう観客の「足」として、かつての中島飛行機武蔵製作所の専用線もまた、再利用されることになったのである。

こうして「武蔵野競技場線」は中央線の支線として、新球場と同じく1951年（昭和26）4月に開業した。

この路線の営業は、球場で試合が開催されるときのみだったが、試合開催日には、東京駅から約20分に1本の間隔で直通列車が運行された。国鉄としては、サービスをよくすることで、乗客を増やそうとの狙いがあった。

ところが、肝心の新球場の観客動員数は、都心から遠く不便なことから低迷。結局、この球場でプロ野球の試合が行なわれたのは、わずか1シーズンだけで、1956年（昭和31）には、球場自体が取り壊されてしまう。

短命に終わった武蔵野競技場線

廃線跡は「グリーンパーク遊歩道」として親しまれている

いっぽう、武蔵野競技場線のほうも、１９５２年（昭和27）から休止状態となり、１９５９年（昭和34）11月1日に正式に廃止された。8年半という短命に終わった武蔵野競技場線は、現在「グリーンパーク遊歩道」として生まれ変わり、人々の憩《いこ》いの場となっている。

廃線跡には玉川上水に架かっていた鉄橋の橋脚跡や、国鉄を示す「工」のマークが入った標識、枕木《まくらぎ》の遺構など、鉄道路線だったころの面影がうかがえる場所が残っている。

70年の時を経て生まれ変わった「万世橋駅」

２０１３年（平成25）9月14日、70年前に営業を休止した駅が、商業施設「マーチエキュート」としてよみがえった。その駅の名は「万世橋《まんせいばし》」。神田―御茶ノ水間に存在していた巨大ターミナル駅である。

万世橋駅が開業したのは、１９１２年（明治45）4月のこと。中央線の路線延伸によるものだった。

当時の万世橋駅付近には、江戸時代から続く米や炭、竹などの問屋街があり、明治に入ると映画館や飲食店ができたことから、レジャーの街としてもにぎわっていた。

　万世橋駅は、中央線の始発（終着）駅として、全盛期には1日2万人の乗降客があった。このころの1日2万人の乗降客といえば、上野、新橋、新宿に次ぐ4番目の規模である。

　ターミナル駅だけに、その駅舎も立派だった。設計者は、東京駅も手がけた辰野金吾《たつのきんご》。東京駅と同じように、赤レンガと御影石《みかげいし》を使った壮麗な外観で、待合室やレストラン、バー、会議室まで備《そな》えられていた。

　ところがその後、万世橋駅は急速に廃《すた》れてしまう。その背景には、時代に抗《あらが》えないいくつかの要因があった。

　ひとつは、中央線が1919年（大正8）に東京駅まで延伸したことだ。これにより、万世橋は

万世橋駅の初代駅舎（国立国会図書館蔵）

ターミナル駅としての機能を失ってしまったのである。

もうひとつは、1925年（大正14）に、東北本線の神田―上野間が開通したこと。東北本線に乗り換える客は神田駅を利用するようになり、万世橋駅の利用客の落ち込みに拍車《はくしゃ》をかけた。

さらに、1923年（大正12）に起きた関東大震災も一因となった。震災によって、万世橋駅の駅舎は焼失。すぐに二代目の駅舎が再建されたが、初代の壮麗な姿とは比較にならないほど簡素なものだった。

結局、乗降客は減り続け、1943年（昭和18）、万世橋駅はその役目を終えることになった。

万世橋駅の駅舎の一部は、その後、交通博物館として利用されていたが、その博物館も老朽化が進み、2006年（平成18）に閉館。そして、2012年（平成24）から再開発がはじまり、冒頭で紹介した商業施設としてよみがえったのである。

万世橋駅時代のプラットホームを整備して展望デッキにするなど、さまざまな工夫が施されている「マーチエキュート神田万世橋」。鉄道ファンでなくとも楽しめる秋葉原の新スポットとして、おおいににぎわっている。

三鷹電車庫跨線橋に〝撮り鉄〟が集う理由とは？

三鷹駅の西側に「三鷹電車庫跨線橋」と呼ばれる橋がある。古いレールを使ってつくられた全長90メートルの鉄橋で、１９２９年（昭和４）に完成し、現在も利用されている歴史ある橋だ。

この橋は、文豪・太宰治《だざいおさむ》ゆかりの橋としても有名である。太宰は１９３９年（昭和14）から、１９４８年（昭和23）に亡くなるまで三鷹に住んでおり、散歩のさいにいつもこの橋を利用していた。お気に入りの場所だったようで、友人を連れて案内したり、夕焼けを眺《なが》めに訪れたりしていたと伝わっている。

それを示すかのように、橋のたもとには、太宰がマントを羽織《はお》って橋の階段を下りる写真のパネルが設置されている。それだけに、太宰ファンにとっては〝聖地〟のひとつといえる場所だろう。

じっさい、地元の人とは思えない見物客が多く訪れているのだが、よく見ると、その大半は太宰ファンとはなにやら様子がちがっている。

じつは、三鷹電車庫跨線橋に集まってくる人の多くは、太宰ファンならぬ鉄道ファン。カメラ片手に鉄道写真を撮ることを趣味とする、いわゆる〝撮り鉄〟たちである。

橋の下にJR東日本八王子支社の三鷹車両センターがあり、中央線の車両がひっきりなしに行き来する様子や、車両がズラリと並ぶ風景を鉄道ファンたちは撮影しているのだ。

休日ともなれば、橋の下を通過する特急列車や車庫で待機する車両見たさに、小さな子どもの手を引く親子の姿も見られる。

ちなみに中央線の各駅には、「中央線が好きだ。」というキャッチコピーのポスターが貼られているが、そのポスター写真の舞台も、ここ三鷹電車庫跨線橋で

中央線と三鷹電車庫をまたぐように鉄橋が架けられている

ある。

太宰が愛した橋は、いまや中央線ファンが愛する橋になっているようだ。

立川市内にある「廃レールモニュメント」の謎

立川駅は、乗降客数が多摩地域でもっとも多い駅。駅前にはデパートや大型量販店が立ち並び、多摩の中心地といっていい。

その立川駅から、中央線の線路沿いに東へ進むと、北第一公園という小さな公園があり、その先に細い緑道《りょくどう》が続いている。

駅前の喧騒《けんそう》とは離れた静かな遊歩道だが、少し進むと、片側に古いレールが使われているアーチ形のモニュメントが見えてくる。その先には藤棚《ふじだな》があり、その藤棚もまた、古いレールでつくられている。

なぜ、こんな場所に、古いレールがモニュメントとして残されているのだろうか。

理由は、立川がかつて「基地の町」だったからだ。1922年（大正11）に陸軍飛行第5大隊が移ってきたことをきっかけに、陸軍軍用機を製造する立川飛行機の工場や陸軍獣医資材本廠も移転してくるなど、軍都として発達した土地だったので

モニュメントの左側の部分に廃レールが使われている

かつての引き込み線跡は、遊歩道になっている

ある。

じつは、モニュメントや藤棚に使われている古いレールは、陸軍獣医資材本廠や立川飛行場への引き込み線として敷かれていたものの一部である。

終戦後、引き込み線は日本軍の施設とともにアメリカ軍に接収され、立川基地（現：国営昭和記念公園）の燃料輸送などに使われていたが、立川基地返還後は廃線となったまま、しばらく放置されていた。

その後、遊歩道として整備され、かつて引き込み線があった記念として、レールのモニュメントが設置されたのである。

かつて軍事用として使われていた場所は、いまは市民の憩いの場となっている。遊歩道の両側には、ケヤキやヤマザクラ、ツツジといった樹木や、四季折々の草花が植えられていて、のんびり散策するには最適だ。

110年前に製造された橋が、現在も都心で活躍中！

中央線に乗っていると、飯田橋駅から神田駅へと至るルートに、架道橋《かどうきょう》が多いことに気づくだろう。

まず飯田橋―水道橋間には「小石川橋通り架道橋」があり、御茶ノ水―神田間には、外堀通りを渡る「昌平橋《しょうへいばし》架道橋」がある。また、水道橋駅は「水道橋架道橋」と「新水道橋架道橋」に囲まれたような造りとなっているといった具合である。

こうした架道橋は、いかにも歴史ある風情《ふぜい》を漂《ただよ》わせている。それもそのはず、飯田橋から神田へと至るルートの架道橋は、どれも明治から昭和初期にかけてつくられたものだからだ。

その証拠は架道橋に残されている。

たとえば、小石川橋通り架道橋には「HARKORT DUISBURG-GERMANY 1904」という銘板《めいばん》を見つけることができる。これは、ドイツのハーコート社が１９０４年(明治37)に製造したことを示している。昌平橋架道橋、水道橋架道橋も同様で、そのどれもがドイツのハーコート社製である。

これらの架道橋がドイツ製である理由は、当時の日本に鉄橋の製造技術がなく、外国からの輸入に頼っていたため。明治時代、日本各地の鉄道は外国に頼って鉄橋をつくるケースが多く、ドイツをはじめ、イギリスやアメリカなどから技術者を招《しょう》聘《へい》して鉄橋建設を行なっていたのである。

それにしても、１１０年という長い年月を経た現在も、鉄橋としてしっかり機能

飯田橋―水道橋間に架かる「小石川橋通り架道橋」

ハーコート社が1904年に製造したことを示す銘板が付いている

していることだから、当時の欧米の技術の高さには驚かされるばかりだ。

国分寺と多摩川をつないでいた「下河原線」とは?

府中市にある「下河原《しもがわら》線広場公園」には、昔ながらの駅舎が立ち、地面にはレールが埋め込まれている場所がある。一見、廃駅跡かと思ってしまうが、ここにじっさいの駅があったわけではない。

しかし、線路が敷かれていたことは事実である。この地には、その昔「下河原線」と呼ばれる路線が走っていた。

下河原線が開業したのは、1910年（明治43）で、当時営業していたのは東京砂利鉄道である。区間は、国分寺から下河原までで、多摩川の砂利の運搬を目的とした貨物専用路線だった。

その後、多摩川の氾濫《はんらん》による被害で路線は一時閉鎖されたものの、1916年（大正5）に軍用鉄道として復活、1920年（大正9）には国有化され、下河原線として運用されるようになったのである。

そして、1933年（昭和8）に東京競馬場が開場すると、翌年に東京競馬場への引き込み線ができ、競馬が開催されるときだけ旅客営業をするようになった。

　さらに、1938年（昭和13）に日本製鋼所武蔵製作所、翌年に東京芝浦電機府中工場の建設が沿線近くではじまると、北府中駅から分岐《ぶんき》し、これらの工場へと向かう専用側線《そくせん》もつくられ、沿線工場への通勤路線として利用された。

　しかし、1973年（昭和48）4月1日、武蔵野線の開業に合わせて、旅客営業が廃止される。その理由は「下河原線と武蔵野線の一部区間が重複《ちょうふく》するから」というものだった。

　その後も、敷設《ふせつ》当初の目的である貨物専用路線として営業を続けたが、こちらも1976年（昭和51）に廃止され、66

かつては下河原線の駅だった武蔵野線北府中駅（提供:っ）

年にわたる歴史の幕を下ろした。

この廃線跡を歴史に残そうと、府中市は、自転車や歩行者が安心して通れる道路として整備したのである。廃線跡の大部分は、下河原緑道という名の遊歩道になって現在に至っている。

＊　　　＊

いかがだっただろうか。知名度の高い路線・沿線でありながら、意外と知られていないエピソードが多いことに驚いたという方が多いだろう。なかには「これまでは何気なく利用していたけど、愛着がわいてきた」という人もいるかもしれない。

さまざまな魅力と多種多様な文化にあふれる中央線からは、これからも驚きの話題がたくさん飛び出してくるはず。ぜひ今後もご注目あれ！

◉左記の文献等を参考にさせていただきました――

「スーパービジュアル版 江戸・東京の地理と地名」「東京の地名がわかる事典」鈴木理生／「鉄道の歴史がわかる事典」浅井建爾（以上、日本実業出版社）／「東京の地理再発見 上・下」豊田薫／「新・モノでまなぶ日本地理」小田忠市郎（地歴社）／「東京 電車のある風景 今昔〈1〉」吉川文夫／「総武線 120年の軌跡」「中央線 街と駅の120年」三好好三／「中央線 オレンジ色の電車今昔50年」三好好三、三宅俊彦、塚本雅啓、山口雅人（以上、JTBパブリッシング）／「東京の鉄道遺産 上（創業期篇）」「東京の鉄道遺産 下（発展期篇）」山田俊明／「中央線 思い出コレクション」沼本忠次（以上、けやき出版）／「東京地名考 上・下」朝日新聞社会部（朝日新聞出版）／「中央線の詩 上・下」朝日新聞東京総局（出窓社）／「デジタル鳥瞰 江戸の崖 東京の崖」芳賀ひらく／「【図説】日本の鉄道 中部ライン〈第2巻〉全線・全駅・全配線 三鷹駅―八王子エリア」川島令三編（講談社）／「地図から消えた地名」今尾恵介／「鉄道・車両の謎と不思議」梅原淳（以上、東京堂出版）／「四谷区史」四谷区役所／「新宿区町名誌 地名の由来と変遷」東京都新宿区教育委員会編／「鉄道『歴史・地理』なるほど探検ガイド」川島令三、岡田直編（PHP研究所）／「明治・大正・昭和懐かしの鉄道遺産を旅する」南正時（実業之日本社）／「中央線歴史散歩 史跡をたずねて各駅停車」萩原良彦（鷹書房）／「絵葉書でつづる中央線今昔ものがたり」白土貞夫（枻出版社）／「中央線誕生―甲武鉄道の開業に賭けた挑戦者たち」中村建治（本の風景社）／「鉄道浪曼派黄昏の中央線」日永藤佐（文芸社）／「JR中央線 街と駅の1世紀」生田誠（彩流社）／「高尾山おもしろ百科」遠藤進（高尾山の花名さがし隊）／「中央線なヒト」三善里沙子（小学館）／「タマケン。知のミュージアム多摩・武蔵野検定公式テキスト」社団法人学術・文化・産業ネットワーク多摩（ダイヤモンド社）／「鉄道地図と歴史を楽しむ本」所澤秀樹（ベストセラーズ）／「中央線がなかったら見えてくる東京の古層」陣内秀信、三浦展編著（NTT出版）／「タイムスリップ中央線」巴川享則、三宅俊彦、塚本雅啓（大正出版）／「中央線―カルチャー魔境の歩き方」別冊ダ・ヴィンチ編集部編（メディアファクトリー）／「図解雑学 日本の鉄道」西本裕隆（ナツメ社）／「東京都謎解き散歩〈武蔵野・多摩・島しょ編〉」樋口州男編（新人物往来社）／「全国鉄道事情大研究 東京西部・神奈川篇〈1〉」川島令三（草思社）／「不思議の旅ガイド」多田克己、村上健司（人類文化社）／「図説街場の鉄道遺産〈東京近郊・神奈川編〉」阪和明（セブン&アイ出版）「地形と鉄道：東京凸凹地形案内〈3〉」今尾恵介監修（平凡社）／「江戸東京 残したい地名」本間信治（自由国民社）／「首都圏の国電―戦後の発展史」佐藤信之（グランプリ出版）／「トコトンやさしい鉄道の本」佐藤健吉編著、日本技術史教育学会（日刊工業新聞社）／「多摩 幻の鉄道廃線跡を行く」山田俊明（のんぶる舎）／「通勤電車もの知り大百科」岩成政和（イカロス出版）／「東京『駅名』の謎」谷川彰英（祥伝社）／「東京の地名―地形と語源をたずねて」筒井功（河出書房新社）／「中央線全駅ぶらり散歩」（交通新聞社）／「鉄道ジャーナル」（鉄道ジャーナル社）／「鉄道ピクトリアル」（電気車研究会）／朝日新聞／建設通信新聞／産経新聞／東京新聞／日本経済新聞／毎日新聞／読売新聞／国土交通省／東京都／新宿区／杉並区／千代田区／国分寺市／立川市／府中市／日野市／三鷹市／武蔵野市／やまなし観光推進機構／阿佐ヶ谷商店街振興組合／西多摩地域広域行政権協議会／日本国民救援会／JR東日本／JR東日本八王子支社／JR東労組／国鉄千葉動力車労働組合／東京都交通局／西東京鉄道管理局／高尾登山電鉄株式会社／鉄道総合技術研究所／東京建設業協会／文京ふるさと歴史館／明治大学／御茶の水女子大学／日本将棋連盟／NHK／交通新聞社／日経BP社／ナショナルジオグラフィック／八麺会／はちナポ／ほか

KAWADE
夢文庫

JR中央線の謎学

二〇一五年四月一日　初版発行

著　者…………ロム・インターナショナル
企画・編集……夢の設計社
東京都新宿区山吹町二六一〒162-0801
☎〇三―三二六七―七八五一（編集）
発行者…………小野寺優
発行所…………河出書房新社
東京都渋谷区千駄ヶ谷二―三二―二〒151-0051
☎〇三―三四〇四―一二〇一（営業）
http://www.kawade.co.jp/
装　幀…………川上成夫
印刷・製本……中央精版印刷株式会社
組　版…………株式会社翔美アート
Printed in Japan ISBN978-4-309-49917-8